JN417833

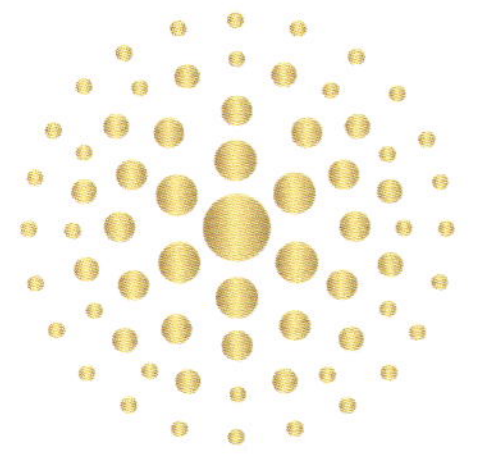

바로보인

전등록 傳燈錄

11

농선 대원 역저

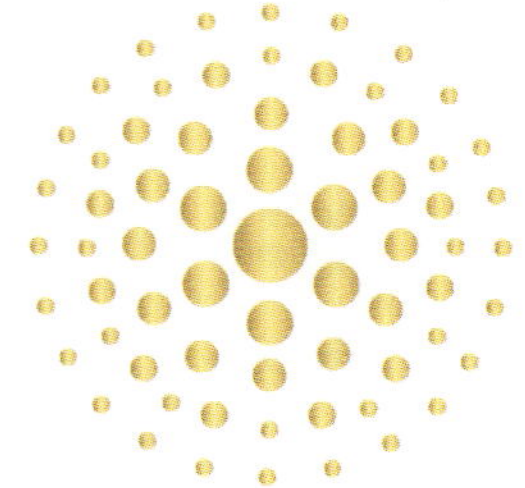

이 원상은 농선 대원 선사님께서 직접 그리신 것으로 모든 불성이 서로 상즉해 공존하는 원리를 담은 것이다.

선 심(禪心)

누리 삼킨 참나를
낙화(落花)로 자각(自覺)
떨어지는 물소리로 웃고 가는 길
돌에서 꽃에서도 님이 맞는다

정맥 선원의 문젠 마크는 농선 대원 선사님께서 마음을 상징하는 달(moon)과 그 마음을 깨달아 마음이 내가 된 삶인 선(zen)을 평화의 상징인 비둘기로 형상화하신 것이다.

교조 석가모니 부처님과
부처님으로부터 직계로 내려온
불조정맥 78대 조사들의
진영과 전법게

불조정맥

불조정맥이란 석가모니 부처님으로부터 현 78대 조사에 이르기까지 스승에게 깨달음의 인증인 인가를 받아 법을 전하라는 부촉을 받은 전법선사의 맥이다. 여기에 실린 불조진영과 전법게는 농선 대원 선사님께서 다년간 수집 정리하여 기도와 관조 끝에 완성하여 수립하신 것이다. 각 선사의 진영과 함께 실린 전법게는 스승으로부터 직접 전해 받은 게송이다. 단, 석가모니 부처님 진영에 실린 게송은 석가모니 부처님의 게송이다.

교조 석가모니 부처님

환화라고 하는 것 근본 없어 생긴 적도 없어서	幻化無因亦無生
모두가 스스로 이러-해서 본다 함도 이러-하네	皆則自然見如是
모든 법도 스스로 화한 남, 아닌 것이 없어서	諸法無非自化生
환화라 하지만 남이 없어 두려워할 것도 없네	幻化無生無所畏

제1조 마하가섭 존자

법이라는 본래 법엔 법이랄 것 없으나	法本法無法
법이랄 것 없다는 법, 그 또한 법이라	無法法亦法
이제 법이랄 것 없음을 전해줌에	今付無法時
법이라는 법인들 그 어찌 법이랴	法法何曾法

제2조 아난다 존자

법이란 법 본래의 법이라	法法本來法
법도 없고 법 아님도 없으니	無法無非法
어떻게 온통인 법 가운데	何於一法中
법 있으며 법 아닌 것 있으랴	有法有非法

제3조 상나화수 존자

본래의 법 전함이 있다 하나	本來付有法
전한 말에 법이랄 것 없다 했네	付了言無法
각자가 스스로 깨달으라	各各須自悟
깨달으면 법 없음도 없다네	悟了無無法

제4조 우바국다 존자

법 아니고 마음도 아니어서	非法亦非心
맘이랄 것, 법이랄 것 없나니	無心亦無法
마음이다, 법이다 설할 때는	說是心法時
그 법은 마음법이 아니로다	是法非心法

제5조 제다가 존자

마음이란 스스로인 본래의 마음이니	心自本來心
본래의 마음에는 법 있는 것 아니로다	本心非有法
본래의 마음 있고 법이란 것 있다 하면	有法有本心
마음도 아니요 본래 법도 아니로다	非心非本法

제6조 미차가 존자

본래의 마음법을 통달하면 通達本心法
법도 없고, 법 아님도 없도다 無法無非法
깨달으면 깨닫기 전과 같아 悟了同未悟
마음이니, 법이니 할 것 없네 無心亦無法

제7조 바수밀 존자

맘이랄 것 없으면 얻음도 없어서 無心無可得
설함에 법이라 이름할 것도 없네 說得不名法
만약에 맘이라 하면 마음 아님 깨달으면 若了心非心
비로소 마음인 마음법 안다 하리 始解心心法

제8조 불타난제 존자

가없는 마음으로 心同虛空界
가없는 법 보이니 示等虛空法
가없음을 증득하면 證得虛空時
옳고 그른 법이 없다 無是無非法

제9조 복타밀다 존자

허공이 안팎 없듯 虛空無內外
마음법도 그러하다 心法亦如此
허공이치 요달하면 若了虛空故
진여이치 통달하네 是達眞如理

제10조 파율습박(협) 존자

진리란 본래에 이름할 수 없으나 眞理本無名
이름에 의하여 진리를 나타내니 因名顯眞理
받아 얻은 진실한 법이라고 하는 것 受得眞實法
진실도 아니요, 거짓도 아니로세 非眞亦非僞

제11조　부나야사 존자

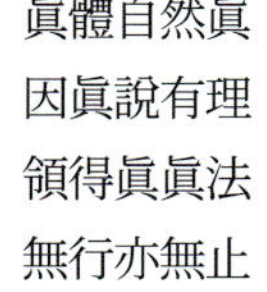

참된 몸 스스로 이러-히 참다우니	眞體自然眞
참됨을 설함으로 인해 진리란 것 있다 하나	因眞說有理
참답게 참된 법을 깨달아 얻으면	領得眞眞法
베풀 것도 없으며 그칠 것도 없다네	無行亦無止

제12조　아나보리(마명) 존자

미혹과 깨침이란 숨음과 드러남 같다 하나	迷悟如隱顯
밝음과 어둠이 서로가 여읠 수 없는 걸세	明暗不相離
이제 숨음이 드러난 법 부촉한다지만	今付隱顯法
하나도 아니요, 둘도 또한 아니로세	非一亦非二

제13조　가비마라 존자

숨었느니 드러났느니 하지만 본래의 법에는	隱顯卽本法
밝음과 어두움이 원래에 둘 아니라	明暗元不二
깨달아 마친 법을 전한다고 하지만	今付悟了法
취함도 아니요, 여읨도 아니로세	非取亦非離

제14조　나가르주나(용수) 존자

숨을 수도, 드러날 수도 없는 법이라 함	非隱非顯法
이것이 참다운 실제를 말함이니	說是眞實際
숨음이 드러난 법 깨달았다 하나	悟此隱顯法
어리석음도 아니요 지혜로움도 아니로다	非愚亦非智

제15조　가나제바 존자

숨었느니 드러났느니 하면 법에 밝다 하랴	爲明隱顯法
밝게 해탈의 이치를 설하려면	方說解脫理
저 법에 증득한 바도 없는 마음이어야 하니	於法心不證
성낼 것도 없으며 기쁠 것도 없다네	無嗔亦無喜

제16조 라후라타 존자

본래에 법을 전할 사람 대해 本對傳法人
해탈의 진리를 설하나 爲說解脫理
법엔 실로 증득한 바 없어서 於法實無證
마침도 비롯함도 없느니라 無終亦無始

제17조 승가난제 존자

법에는 진실로 증득한 바 없어서 於法實無證
취함도 없으며 여읨도 없느니라 不取亦不離
법에는 있다거나 없다는 상도 없거늘 法非有無相
안이니 밖이니 어떻게 일으키리 內外云何起

제18조 가야사다 존자

맘 바탕엔 본래에 남 없거늘 心地本無生
바탕의 인, 연을 좇아 일으키나 因地從緣起
연과 종자 서로가 방해 없어 緣種不相妨
꽃과 열매 그 또한 그러하네 華果亦復爾

제19조 구마라다 존자

마음의 바탕에 지닌 종자 있음에 有種有心地
인과 연이 능히 싹 나게 하지만 因緣能發萌
저 연에 서로가 걸림이 없어서 於緣不相礙
마땅히 난다 해도 남이 남 아니로세 當生生不生

제20조 사야다 존자

성품에는 본래에 남 없건만 性上本無生
구하는 사람 대해 설할 뿐 爲對求人說
법에는 얻은 바 없거늘 於法旣無得
어찌 깨닫고, 깨닫지 못함을 둘 것인가 何懷決不決

제21조　바수반두 존자

말 떨어지자마자 무생에 계합하면　　言下合無生
저 법계와 성품이 함께 하리니　　同於法界性
만일 능히 이와 같이 깨친다면　　若能如是解
궁극의 이변 사변 통달하리　　通達事理竟

제22조　마노라 존자

물거품과 환 같아 걸릴 것도 없거늘　　泡幻同無礙
어찌하여 깨달아 마치지 못했다 하는가　　如何不了悟
그 가운데 있는 법을 통달하면　　達法在其中
지금도 아니요, 옛 또한 아니니라　　非今亦非古

제23조　학륵나 존자

마음이 만 경계를 따라서 구르나　　心隨萬境轉
구르는 곳마다 실로 능히 그윽함에　　轉處實能幽
성품을 깨달아서 흐름을 따르면　　隨流認得性
기쁠 것도 없으며 근심할 것도 없네　　無喜亦無憂

제24조　사자보리 존자

마음의 성품을 깨달음에　　認得心性時
사의할 수 없다고 말하나니　　可說不思議
깨달아 마쳐서는 얻음 없어　　了了無可得
깨달아선 깨달았다 할 것 없네　　得時不說知

제25조　바사사다 존자

깨달음의 지혜를 바르게 설할 때에　　正說知見時
깨달음의 지혜란 이 마음에 갖춘 바라　　知見俱是心
지금의 마음이 곧 깨달음의 지혜요　　當心卽知見
깨달음의 지혜가 곧 지금의 함일세　　知見卽于今

제26조 불여밀다 존자

성인이 말하는 지견은	聖人說知見
경계를 맞아서 시비 없네	當境無是非
나 이제 참성품 깨달음에	我今悟眞性
도랄 것도, 이치랄 것도 없네	無道亦無理

제27조 반야다라 존자

맘 바탕에 참성품 갖췄으나	眞性心地藏
머리도, 꼬리도 없으니	無頭亦無尾
인연 응해 만물을 교화함을	應緣而化物
지혜라고 하는 것도 방편일세	方便呼爲智

제28조 보리달마 존자

마음에서 모든 종자 냄이여	心地生諸種
일(事)로 인해 다시 이치 나느니라	因事復生理
두렷이 보리과가 원만하니	果滿菩提圓
세계를 일으키는 꽃 피우리	華開世界起

제29조 신광 혜가 대사

내가 본래 이 땅에 온 것은	吾本來此土
법을 전해 중생을 구함일세	傳法救迷情
한 송이에 다섯 꽃잎 피리니	一花開五葉
열매 맺음 자연히 이뤄지리	結果自然成

제30조 감지 승찬 대사

본래의 바탕에 연 있으면	本來緣有地
바탕의 인에서 종자 나서 꽃핀다 하나	因地種華生
본래엔 종자가 있은 적도 없어서	本來無有種
꽃핀 적도 없으며 난 적도 없다네	華亦不曾生

제31조 대의 도신 대사

꽃과 종자 바탕으로 인하니 華種雖因地
바탕을 좇아서 종자와 꽃을 내나 從地種華生
만약에 사람이 종자 내림 없으면 若無人下種
남 없어 바탕에 꽃핀 적도 없다 하리 華地盡無生

제32조 대만 홍인 대사

꽃과 종자 성품에서 남이라 華種有生性
바탕으로 인해서 나고 꽃피우니 因地華生生
큰 연과 성품이 일치하면 大緣與性合
그 남은 나도 남 아니로세 當生生不生

제33조 대감 혜능 대사

정 있어 종자를 내림에 有情來下種
바탕 인해 결과 내어 영위하나 因地果還生
정이랄 것도 없고 종자랄 것도 없어서 無情旣無種
만물의 근원인 도의 성품엔 또한 남도 없네 無性亦無生

제34조 남악 회양 전법선사

마음의 바탕에 모든 종자 머금어져 心地含諸種
널리 비 내림에 모두 다 싹트도다 普雨悉皆生
단박에 깨달아 정을 다한 꽃피움에 頓悟華情已
보리의 과위가 스스로 이뤄졌네 菩提果自成

제35조 마조 도일 전법선사

마음의 바탕에 모든 종자 머금어져 心地含諸種
비와 이슬 만남에 모두 다 싹이 트나 遇澤悉皆萌
삼매의 꽃핌이라 형상이 없거늘 三昧華無相
무엇이 무너지고 무엇이 이뤄지랴 何壞復何成

제36조 백장 회해 전법선사

마음 외에 본래에 다른 법이 없거늘	心外本無法
부촉함이 있다 하면 마음법이 아닐세	有付非心法
원래에 마음법 없음을 깨달은	既知非法心
이러-한 마음법을 그대에게 부촉하네	如是付心法

제37조 황벽 희운 전법선사

본래에 말로는 부촉할 수 없는 것을	本無言語囑
억지로 마음의 법이라 전함이니	强以心法傳
그대가 원래에 받아 지닌 그 법을	汝既受持法
마음의 법이라고 다시 어찌 말하랴	心法更何言

제38조 임제 의현 전법선사

마음의 법 있으면 병이 있고	病時心法在
마음의 법 없으면 병도 없네	不病心法無
내 부촉한 마음의 법에는	吾所付心法
마음의 법 있는 것 아니로세	不在心法途

제39조 흥화 존장 전법선사

지극한 도는 간택함이 없으니	至道無揀擇
본래의 마음이라 향하고 등짐이 없느니라	本心無向背
이 같음을 감당해 이으려는가?	便如此承當
봄바람에 곤한 잠을 더하누나	春風增瞌睡

제40조 남원 혜옹 전법선사

대도는 온통 맘에 있다지만	大道全在心
맘에 구함 있으면 그르치네	亦非在心求
그대에게 부촉한 자심의 도에는	付汝自心道
기쁨도 근심도 없느니라	無喜亦無憂

제41조 풍혈 연소 전법선사

나 이제 법 없음을 말하노니	我今無法說
말한 바가 모두 다 법 아니라	所說皆非法
법 없는 법 지금에 부촉하니	今付無法法
이 법에도 머무르지 말아라	不可住于法

제42조 수산 성념 전법선사

말한 적도 없어야 참법이니	無說是眞法
이 말함은 원래에 말함 없네	其說元無說
나 이제 말한 적도 없을 때	我今無說時
말함이라 말한들 말함이랴	說說何曾說

제43조 분양 선소 전법선사

예로부터 말함 없음 부촉했고	自古付無說
지금의 나 또한 말함 없네	我今亦無說
다만 이 말함 없는 마음을	只此無說心
모든 부처 다 같이 말한 바네	諸佛所共說

제44조 자명 초원 전법선사

허공이 형상이 없다 하나	虛空無形像
형상도, 허공도 아닐세	形像非虛空
내 부촉한 마음의 법이란	我所付心法
공도 공한 공이어서 공 아닐세	空空空不空

제45조 양기 방회 전법선사

허공이 면목이 없듯이	虛空無面目
마음의 상 또한 이와 같네	心相亦如然
곧 이렇게 비고 빈 마음을	卽此虛空心
높은 중에 높다고 하는 걸세	可稱天中天

제46조 백운 수단 전법선사

마음의 본체가 허공같아	心體如虛空
법 또한 허공처럼 두루하네	法亦遍虛空
허공 같은 이치를 증득하면	證得虛空理
법도 아니요, 공한 맘도 아니로세	非法非心空

제47조 오조 법연 전법선사

도에는 나라는 나 원래 없고	道我元無我
도에는 맘이란 맘 원래 없네	道心元無心
오직 이 나라 함도 없는 법으로	唯此無我法
나라 함 없는 맘에 일체하네	相契無我心

제48조 원오 극근 전법선사

참나에는 본래에 맘이랄 것 없으며	眞我本無心
참마음엔 역시나 나랄 것 없으나	眞心亦無我
이러-히 참답게 참마음에 일체되면	契此眞眞心
나를 나라 한들 어찌 거듭된 나겠는가	我我何曾我

제49조 호구 소륭 전법선사

도 얻으면 자재한 마음이고	得道心自在
도 얻지 못하면 근심이라 하나	不得道憂惱
본래의 마음의 도 부촉함에	付汝自心道
기쁨도, 근심도 없느니라	無喜亦無惱

제50조 응암 담화 전법선사

맑던 하늘 구름 덮인 하늘 되고	天晴雲在天
비 오더니 젖어있는 땅일세	雨落濕在地
비밀히 마음을 부촉함이여	秘密付與心
마음법이란 다만 이것일세	心法只這是

제51조　밀암 함걸 전법선사

부처님은 눈으로써 별을 보고　佛用眼觀星
난 귀로써 소리를 들었도다　我用耳聽聲
나의 함이 부처님의 함과 같아　我用與佛用
내 밝음이 그대의 밝음일세　我明汝亦明

제52조　파암 조선 전법선사

부처와 더불어 중생의 보는 것이　佛與衆生見
원래 근본 부처인데 금 그은들 바뀌랴　元本佛隔線
그대에게 부촉한 본연의 마음법에는　付汝自心法
깨닫고 깨닫지 못함도 없느니라　非見非不見

제53조　무준 사범 전법선사

내가 만약 봄이 없다 할 때에　我若不見時
그대 응당 봄이 없이 보아라　汝應不見見
봄에 봄 없어야 본연의 봄이니　見見非自見
본연의 마음이 언제나 드러났네　自心常顯現

제54조　설암 혜랑 전법선사

진리는 곧기가 거문고줄 같다는데　眞理直如絃
어떻게 침묵이나 말로 다시 할 것인가　何默更何言
나 이제 그대에게 공교롭게 부촉하니　我今善付囑
밝힌 마음 본래에 얻음이 없는 걸세　表心本無得

제55조　급암 종신 전법선사

사람에겐 미혹하고 깨달음이 본래 없는데　本無迷悟人
미했느니 깨쳤느니 제 스스로 분별하네　迷悟自家計
젊어서 깨달았다 말이나 한다면　記得少壯時
늙어서까지라도 깨닫지 못할 걸세　而今不覺老

제56조 석옥 청공 전법선사

이 마음이 지극히 광대하여	此心極廣大
허공에 비할 수도 없다네	虛空比不得
이 도는 다만 오직 이러-하니	此道只如是
밖으로 찾음 쉬어 받아 지녔네	受持休外覓

제57조 태고 보우 전법선사

지극히 큰 이것인 이 마음과	至大是此心
지극히 성스러운 이것인 이 법이라	至聖是此法
등불과 등불의 광명처럼 나뉨 없음	燈燈光不差
이 마음 스스로가 통달해 마침일세	了此心自達

제58조 환암 혼수 전법선사

마음 중의 본연의 마음과	心中有自心
법 중의 지극한 법을	法中有至法
내가 지금 부촉한다 하나	我今可付囑
마음법엔 마음법이라 함도 없네	心法無心法

제59조 구곡 각운 전법선사

온통인 도, 마음의 광명이라 할 것도 없으나	一道不心光
과거, 현재, 미래와 시방을 밝힘일세	三際十方明
어떻게 지극히 분명한 이 가운데	何於明白中
밝음과 밝지 않음 있다고 하리오	有明有不明

제60조 벽계 정심 전법선사

나 지금 법 없음을 부촉하고	我無法可付
그대는 무심으로 받는다 하나	汝無心可受
전함 없고 받음 없는 맘이라면	無付無受心
누구라도 성취하지 못했다 하랴	何人不成就

제61조 벽송 지엄 전법선사

마음이 곧 깨달음의 마음이요 心卽能知心
법이 곧 깨달음의 법이라 法卽可知法
마음법을 마음법이라 전한다면 法心付法心
마음도, 법도 아닐세 非心亦非法

제62조 부용 영관 전법선사

조사와 조사가 법 없음을 부촉한다 하나 祖祖無法付
사람과 사람마다 본래 스스로 지님일세 人人本自有
그대는 부촉함도 없는 법을 받아서 汝受無付法
긴요히 뒷날에 전하도록 하여라 急着傳於後

제63조 청허 휴정 전법선사

참성품은 본래에 성품이라 할 것 없고 眞性本無性
참법은 본래에 법이라 할 것 없네 眞法本無法
법이니 성품이니 할 것 없음 깨달으면 了知無法性
어떠한 곳엔들 통달하지 못하랴 何處不通達

제64조 편양 언기 전법선사

법도 아니고 법 아님도 아니고 非法非非法
성품도 아니고 성품 아님도 아니며 非性非非性
마음도 아니고 마음 아님도 아님이 非心非非心
그대에게 부촉하는 궁극의 마음법일세 付汝心法竟

제65조 풍담 의심 전법선사

부처님이 전하신 꽃 드신 종지와 師傳拈花宗
내가 미소지어 보인 도리를 示我微笑法
친히 손수 그대에게 분부하니 親手分付汝
받들어 지녀 누리에 두루하게 하라 持奉遍塵刹

제66조　월담 설제 전법선사

깨달아선 깨달은 바 없으며	得本無所得
전해서는 전함 또한 없느니라	傳亦無可傳
전함도 없는 법을 부촉함이여	今付無傳法
동서가 온통한 하늘일세	東西共一天

제67조　환성 지안 전법선사

전하거나 받을 법이 없어서	無傳無受法
전하거나 받는다는 맘도 없네	無傳無受心
부촉하나 받은 바 없는 이여	付與無受者
허공의 힘줄마저 뽑아서 끊었도다	掣斷虛空筋

제68조　호암 체정 전법선사

연류에 따른 일단사여	沿流一段事
머리도 꼬리도 필경 없네	竟無頭與尾
사자새끼인 그대에게 부촉하니	付與獅子兒
사자후 천지에 가득케 하라	哨吼滿天地

제69조　청봉 거안 전법선사

서 가리켜 동에 그림이여	指西喚作東
풍악산의 뭇 봉우리로다	楓嶽山衆峰
불조의 이러한 법을	佛祖之此法
너에게 분부하노라	分付今日汝

제70조　율봉 청고 전법선사

머리도 꼬리도 없는 도리	無頭尾道理
오늘 그대에게 전해주니	今日傳授汝
이후로 보림을 잘 하여서	此後善保任
영원히 끊어짐이 없게 하라	永遠無斷絕

제71조　금허 법첨 전법선사

그믐날 근원에 돌아간다 말했으나　　晦日豫言爲還元
법신에 그 어찌 가고 옴이 있으랴　　法身何有去與來
푸른 하늘 해 있고, 못 가운데 연꽃일세　　日在青天池中蓮
이 법을 분부하니 끊어짐이 없게 하라　　此法分付無斷絶

제72조　용암 혜언 전법선사

'연꽃이 나왔다' 하여 보인 큰 도리를　　示出蓮之大道理
다시 또 뜰 밑 나무 가리켜 보여서　　復亦指示庭下樹
후일의 크고 큰일 그대에게 부촉하니　　後日大事與咐囑
잘 지녀 보림하여 끊어짐 없게 하라　　保任善持無斷絶

제73조　영월 봉율 전법선사

사느니 죽느니 이 무슨 말들인고　　生也死也是何言
물밭엔 연꽃이고 하늘엔 해일세　　水田蓮花在天日
가없이 이러-해서 감출 수 없이 드러남　　無邊無藏露如是
오늘 네게 분부하니 끊어짐 없게 하라　　今日分付無斷絶

제74조　만화 보선 전법선사

봄산과 뜬구름을 동시에 보아라　　春山浮雲觀同時
중생들의 이익될 바 그 가운데 있느니라　　普益衆生在其中
이 가운데 도리를 이제 네게 부촉하니　　此中道理今付汝
계승해 끊임없이 번성케 할지어다　　繼承無斷爲繁盛

제75조　경허 성우 전법선사

하늘의 뜬구름이 누설한 그 도리를　　浮雲漏泄其道理
오늘날 선자에게 부촉하여 주노니　　今日咐囑與禪子
철저하게 보림하여 모범을 보임으로　　保任徹底示模範
후세에 끊어짐이 없게 할 맘, 지니게나　　後世無斷爲持心

제76조 만공 월면 전법선사

구름과 달, 산과 계곡이라, 곳곳에서 같음이여 雲月溪山處處同
선가의 나의 제자 수산의 큰 가풍일세 叟山禪子大家風
은근히 무문인을 그대에게 분부하니 慇懃分付無文印
이 기틀의 방편이 활안 중에 있노라 一段機權活眼中

제77조 전강 영신 전법선사

불조도 전한 바 없어서 佛祖未曾傳
나 또한 얻은 바 없음을… 我亦無所得
가을빛 저물어 가는 날에 此日秋色暮
뒷산의 원숭이가 울고 있네 猿嘯在後峰

제78대 농선 대원 전법선사

부처와 조사도 일찍이 전한 것이 아니거늘 佛祖未曾傳
나 또한 어찌 받았다 하며 준다 할 것인가 我亦何受授
이 법이 2천년대에 이르러서 此法二千年
널리 천하 사람을 제도하리라 廣度天下人

부처님으로부터 직계로 내려온 불조정맥 제78대 농선 대원 선사님

농선 대원 전법선사의 3대 서원

오로지 정법만을 깨닫기 서원합니다.
입을 열면 정법만을 설하기 서원합니다.
중생이 다하는 그날까지 교화하기 서원합니다.

성불사 국제정맥선원 대웅전

성불사 국제정맥선원은

농선 대원 선사님께서 주석하시는 곳으로

대원 선사님의 지도하에 비구스님들이

직접 지은 도량이다.

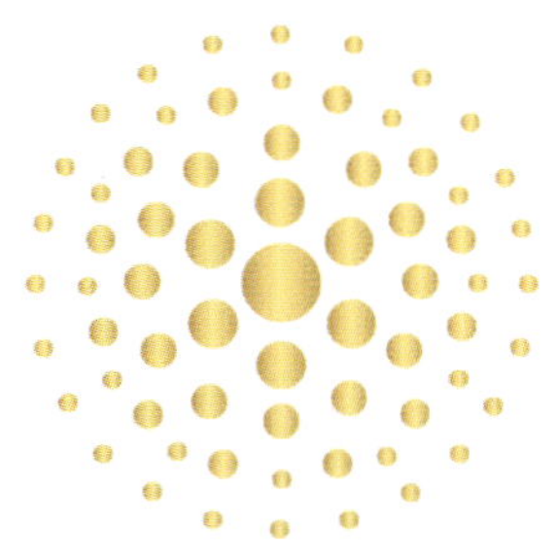

불교 8대 선언문

불교는 자신에게서 영생을 발견하게 한 유일한 종교이다.
불교는 자신에게서 모든 지혜를 발견하게 한 유일한 종교이다.
불교는 자신에게서 모든 능력을 발견하게 한 유일한 종교이다.
불교는 자신에게서 모든 것을 이루게 한 유일한 종교이다.
불교는 자신에게서 극락을 발견하게 한 유일한 종교이다.
불교는 깨달으면 차별 없어 평등하다는 유일한 종교이다.
불교는 모든 억압 없이 자신감을 갖게 한 유일한 종교이다.
불교는 그러므로 온 누리에 영원할 만인의 종교이다.

농선 대원 전법선사 주창

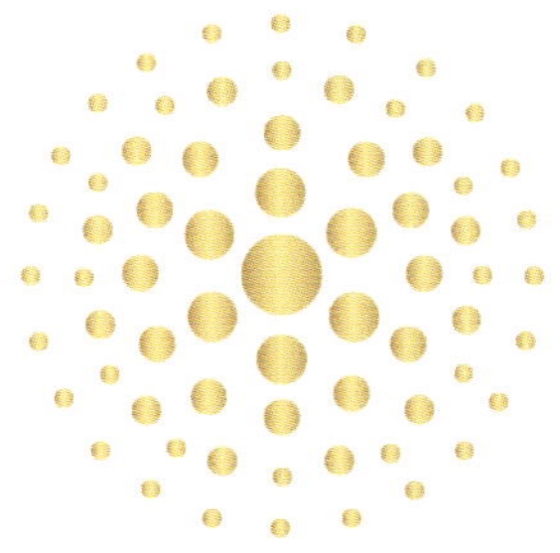

전세계의 불교계에서 통일시켜야 할 일

경전의 말씀대로 32상과 80종호를 갖춘 불상으로 통일해야 한다.

예불 드리는 법을 통일해야 한다.

불공의식을 통일해야 한다.

농선 대원 전법선사 주창

농선 대원 선사의 전등록 발간의 의의

선문(禪文)이란 말 밖의 말로 마음을 바로 가리켜 깨닫게 하여 그 깨달은 마음 바탕에서 닦아 불지(佛地)에 이르게 하는 문(門)이다. 그러기에 지식이나 알음알이로는 헤아려 알 수 없는 것이어서 깨달아 증득하여 일체종지(一切種智)를 이룬 이가 아니고는 그 요지를 바로 보아 이끌어 줄 수 없다.

지금 불교의 현실이 대본산 강원조차 이런 안목으로 이끌어 주는 선지식이 없어서 선종(禪宗) 최고의 공안집인 '전등록', '선문염송' 강의가 모두 폐강된 상황이다.

이에 대원 선사님께서는 불조(佛祖)의 요지가 말이나 글에 떨어져 생사해탈의 길이 단절되는 것을 염려하여 깨달음의 법을 선리(禪理)에 맞게 바로 잡는 역경 작업에 혼신을 다하고 계신다.

대원 선사님께서는 19세에 선운사 도솔암에서 활연대오한 후, 대선지식과의 법거량에서 한 치의 주저함도 없이 명쾌하게 응대하시니 당시 12대 선지식들께서 탄복해 마지않으셨다. 경봉 선사님과 조계종 지혜제일 전강 선사님과의 문답만을 보더라도 취모검과 같은 대원 선사님의 선지를 엿볼 수 있다.

맨 처음 통도사 경봉 선사님을 찾아뵈었을 때, 마침 늦가을 감나무에서 감을 따고 계신 경봉 선사님을 보자 감나무 주위를 한 번 돌고서 있으니, 경봉 선사님께서 물으셨다.

"어디서 왔는가?"

"호남에서 왔습니다."

"무엇을 공부했는가?"

"선을 공부했습니다."

"무엇이 선이냐?"

"감이 붉습니다."

"네가 불법을 아는가?"

"알면 불법이 아닙니다."

위의 문답이 있은 후 경봉 선사님께서는 해제 법문을 대원 선사님께 맡기셨으나 대원 선사님께서는 아직 그럴 때가 아니라 여겨져 그 이튿날인 해제일 새벽 직전에 통도사를 떠나와 버리셨다.

또 광주 동광사에서 처음 전강 선사님을 뵈었을 때, 20대 초면의 젊은 승려인 대원 선사님께 전강 선사님께서 대뜸 '달마불식 도리'를 일러보라 하셨다. 대원 선사님께서 아무 말없이 다가가 전강 선사님의 목에 있는 점 위의 털을 뽑아 버리고 종무소로 가니, 전강 선사님께서 "여기 사람 죽이는 놈이 있다."하며 종무소까지 따라오다 방장실로 돌아가셨다.

그 이후 대원 선사님께서 군산 은적사에서 전강 선사님을 시봉하며 모시고 계실 때, 전강 선사님께서 또 물으셨다.

"공적의 영지를 일러라."

"이러-히 스님과 대담합니다."

"영지의 공적을 일러라."

"스님과 대담에 이러-합니다."

"이러-한 경지를 일러라."

"명왕은 어상을 내리지 않고 천하일에 밝습니다."

대원 선사님의 답에 전강 선사님께서는 희색이 만면해서 고개를 끄덕이며 당신 처소로 돌아가셨다.

이에 그치지 않고 전강 선사님께서 대구 동화사 조실로 계실 때, 대원 선사님께 말씀하셨다.

"대중들이 자네를 산으로 불러내어 그 중에 법성(조계종 종정 진제 스님)이 달마불식 도리를 일러보라 했을 때 '드러났다'라고 답했다는데, 만약에 자네가 양무제였다면 '모르오'라고 이르고 있는 달마 대사에게 어떻게 했겠는가?"

"제가 양무제였다면 '성인이라 함도 설 수 없으나 이러-히 짐의 덕화와 함께 어우러짐이 더욱 좋지 않겠습니까?'하며 달마 대사의 손을 잡아 일으켰을 것입니다."

그러자 전강 선사님께서 탄복하며 말씀하셨다.

"어느새 그 경지에 이르렀는가?"

"이르렀다곤들 어찌하며 갖추었다곤들 어찌하며 본래라곤들 어찌하리까? 오직 이러-할 뿐인데 말입니다."

대원 선사님의 대답에 전강 선사님께서 크게 기뻐하셨다.

이와 같이 대원 선사님께서는 20대 초반에 이미 어떤 선지식의 물음에도 전광석화와 같이 답하셨으며 그 법을 씀이 새의 길처럼 흔적 없는 가운데 자유자재하셨다.

깨달음의 방편에 있어서는 육조 대사께서 마주 앉은 자리에서 사람들을 깨닫게 하셨듯이, 제자들을 제접해 직지인심(直指人心)으로 스스로의 마음에 사무쳐 들게 하여 근기에 따라 보림해 갈 수 있도록 이끌어주시니, 꺼져가는 정법의 기치를 바로 일으켜 세움이라 하겠다.

또한 선지식이라면 이변(理邊)에서 뿐만이 아니라 사변(事邊)에서도 먼 안목으로 인류가 무엇을 어떻게 대비하며 살아가야 할지를 예언하고 이끌어 주어야 한다고 하셨다.

그래서 1962년부터 주창하시기를, 전 세계가 21세기를 '사막 경영의 시대'로 삼아 사막화된 지역에 '사막 해수로 사업'을 하여 원하는 지역의 기후를 조절해야 하고, 자원을 소모하는 발전소 대신 파도, 태양열, 풍력 등의 대체 에너지와 무한 원동기를 개발해야 한다고 하셨다. 또, 도로를 발전소화하여 전기를 생산하는 방법 등을 구체적으로 제안하시고, 천재지변을 대비하여 각자의 집에서 농사를 짓는 '울안의 농법'을 연구하시는 등 만인이 더 나은 삶을 살 수 있는 길을 끊임없이 일러 주고 계신다.

이와 같이 대원 선사님께서는 일체종지를 이룬 지혜로, '참나를 깨달아 마음이 내가 된 삶'을 위한 깨달음의 법으로부터 닥쳐오는 재난을 막고 지구를 가장 살기 좋은 세상으로 만드는 방편까지 늘 그 방향을 제시하고 계신다.

한편, 불교의 최고 경전인 '화엄경 81권'을 완간하여 불보살님의 불가사의한 화엄세계를 열어 보이셨으며, 선문 최대의 공안집인 '선문염송 30권' 1,463칙에 대하여 석가모니 부처님 이래 최초로 전 공안을 맑은 물 밑바닥 보듯이 회통쳐 출간하셨다.

이제 대원 선사님께서는 7불과 역대 조사들의 깨달음의 진수가 담긴 '전등록 30권'을 그런 혜안(慧眼)으로 조사마다 선리의 토끼뿔을 더해 닦아 증득할 수 있도록 밝혀 보이셨다. 그리하여 생사윤회길을 헤매는 중생들에게 해탈의 등불이 되고자 하셨으며, 불조(佛祖)의 정법이 후세에까지 끊어지지 않게 하여 부처님 은혜에 보답하고자 하셨다.

부처님 가신 지 오래 되어 정법은 약하고 삿된 법이 만연한 지금, 중생이 다하는 날까지 중생을 구제하기 서원하는 대원 선사님과 같은 명안종사(明眼宗師)가 계심은 불보살님의 자비광명이 이 땅에 두루한 은덕이라 하겠다.

바로보인 불법 ㊸

전傳 등燈 록錄

11

도서출판 문젠(구, 바로보인)은 정맥선원에서 운영하고 있습니다.

* 인제산(人濟山) 성불사(成佛寺) 국제정맥선원
  경기도 포천시 내촌면 소리개길 86-178 ☎ 031-531-8805
* 인제산(人濟山) 이룬절 포천정맥선원
  경기도 포천시 내촌면 소리개길 86-123 ☎ 031-531-2433
* 백양산(白楊山) 자모사(慈母寺) 부산정맥선원
  부산시 동래구 아시아드대로 114번길 10 대륙코리아나 2층 212호 ☎ 051-503-6460
* 자모산(慈母山) 육조사(六祖寺) 청도정맥선원
  경북 청도군 매전면 동산리 산 50 ☎ 010-4543-2460
* 광암산(光巖山) 성도사(成道寺) 광주정맥선원
  광주광역시 광산구 삼도광암길 34 ☎ 062-944-4088
* 대통산(大通山) 대통사(大通寺) 해남정맥선원
  전남 해남군 화산면 송계길 132-98 중정마을 ☎ 061-536-6366

바로보인 불법 ㊸
전 등 록 11

초판 1쇄 펴낸날 단기 4354년, 불기 3048년, 서기 2021년 10월 30일

역　　저 농선 대원 선사
펴 낸 곳 도서출판 문젠(Moonzen Press)
11192, 경기도 포천시 내촌면 소리개길 86-178
전화 031-534-3373 팩스 031-533-3387
신고번호 2010.11.24. 제2010-000004호

편집윤문출판 법심 최주희, 법운 정숙경
인디자인 전자출판 지일 박한재
표 지 글 씨 춘성 박선옥
인　　　쇄 북크림

도서출판문젠 www.moonzenpress.com
정 맥 선 원 www.zenparadise.com
사막화방지국제연대(IUPD) www.iupd.org

값 15,000원
ISBN 978-89-6870-611-0
ISBN 978-89-6870-600-4 04220(전30권)

서 문

전등록은 말 없는 말이며 말 밖의 말이라서 학식이나 재치만으로는 번역이 실로 불가능한 일이다. 그러기에 육조단경(六祖壇經)을 보면 법화경을 삼천 번이나 독송한 법달(法達)은 글 한 자 모르시는 육조(六祖)께 경의 뜻을 물었고, 글을 모르시는 육조께서는 법화경의 바른 뜻을 설파하셔서 법달을 깨닫게 하신 것이다.

그런데 하루는 본인에게 법을 물으러 다니시던 부산의 목원 하상욱 본연님이 오셔서 시중에 나온 전등록 번역본 두세 가지를 보이시며 범인인 당신에게도 부처님과 조사님들의 본래 뜻에 맞지 않는 대문이 군데군데 눈에 뜨인다며 바른 의역의 필요성을 절감한다고 하셨다. 그 후로 전등록 번역을 바로 해주십사 하는 간청이 지극하여 비록 단문하나 이 일을 시작하게 되었다.

부처님과 조사님들의 근본 뜻에 어긋남이 없게 하기 위해 노력하였으나 약속한 기간 내에 해내기란 실로 벅찬 일이어서 혹시 미비한 점이 없지 않으리니 강호 제현의 좋은 지적이 있기를 바란다.

불법(佛法)이란 본자연(本自然)이라 누가 설(說)하고 누가 듣고 배울 자리요만 그렇지 못한 이가 또한 있어서 부처님과 조사님들의 허물이 생기는 것이다.

어떤 것이 부처인고?
화분의 빨간 장미니라.

이 가운데 남전(南泉) 뜰꽃 도리(道理)며 한산(寒山) 습득(拾得)의 웃음을 누릴진저.

단기(檀紀) 4354년
불기(佛紀) 3048년
서기(西紀) 2021년

무등산인 농선 대원 분향근서
(無等山人 弄禪 大圓 焚香謹書)

양억(楊億)의 경덕전등록 서문

석가모니께서 일찍이 연등 부처님의 수기를 받아, 현겁(賢劫)의 보처(補處)가 되어 이 땅에 탄강하시고 법을 펴서 교화하시기가 49년이었으니 방편과 진리, 돈오(頓悟)와 점수(漸修)의 문호를 여시고, 헤아릴 수 없이 많은 다양한 교법을 내려 주셨다.

근기(根機)에 따라 진리를 깨닫게 하신 데서 삼승(三乘)의 차별이 생겼으니, 사물에 접하는 대로 중생을 이롭게 하여 한량없는 중생을 제도하셨다. 그 자비는 넓고 컸으며 그 법식(法式)은 두루 갖추어져 있었다.

쌍림(雙林)에서 열반에 드실 때 가섭(迦葉)에게만 유촉하신 것이 차츰차츰 전하여 달마에 이르러서 비로소 문자를 세우지 않고 마음의 근원을 곧바로 보이게 되었으니, 차례를 밟지 않고 당장에 부처의 경지에 오르게 되어 다섯 잎[1]이 비로소 무성하고 천 개의 등불[2]이 더욱 찬란하여서, 보배 있는 곳에 이른 이는 더욱 많고, 법의 바퀴를 굴린 이도 하나가 아니었다.

부처님께서 부촉하신 종지와 정법안장(正法眼藏)이 유통되는 도리는 교리 밖에서 따로 행해지는 불가사의(不可思議)한 것이다.

태조(太祖)께서 거룩하신 무력으로 전란을 진압하신 뒤에 사찰을 숭상하여 제도의 문을 활짝 여셨고, 태종(太宗)께서 밝으신 변재로 비밀한 법을 찬술하시어 참된 이치를 높이셨으며, 황상(皇上)[3]께서 높으신 학덕으로 조사의 뜻을 이어 거룩한 가르침에 머릿말을 쓰셔 종풍(宗風)을 잇게 하시니, 구름 같은 문장이 진리의 하늘에 빛나고, 부처의 황금같은 설법

---

1) 다섯 잎 : 중국 선종의 2조 혜가로부터 6조 혜능에 이르는 다섯 조사를 말한다.
2) 천 개의 등불 : 중국에 선법(禪法)이 전해진 이후 등장한 수많은 견성도인들을 말한다.
3) 황상(皇上) : 송의 진종(眞宗)을 말한다.

이 깨달음의 동산에 펼쳐졌다.

대장경의 말씀에 비밀히 계합하고, 인도로부터의 법맥이 번창하니, 뭇 선행을 늘리는 이가 더욱 많아졌고, 요의(了義)[4]를 전하는 사람들이 간간이 나타나서 원돈(圓頓)의 교화가 이 지역에 퍼졌다.

이에 동오(東吳)의 승려인 도원(道原)이 선열(禪悅)의 경지에 마음을 모으고, 불법의 진리를 샅샅이 찾으며, 여러 세대의 조사 법맥을 찾고, 제방의 어록(語錄)을 모아 그 근원과 법맥에 차례를 달고, 말씀들을 차례차례 엮되, 과거 7불로부터 대법안(大法眼)의 문도에 이르기까지 무릇 52세대, 1,701인을 수록하여 30권으로 만들어 경덕전등록이라 하여 대궐로 가지고 와서 유포해 주기를 청하였다.

황상께서는 불법을 밖으로부터 보호하고자 하시고, 승려들의 부지런함을 가상히 여겨 마음가짐을 신중히 하고 생각을 원대히 하여 좌사간(左司諫) 지제고(知制誥) 양억(楊億)과 병부원외랑(兵部員外郎) 지제고(知制誥) 이유(李維)와 태상승(太常丞) 왕서(王曙) 등을 불러 교정케 하시니, 신(臣) 등은 우매하여 삼학(三學)[5]의 근본 뜻을 모르고 5성(五性)[6]의 방편에 어두우며, 훌륭한 번역 솜씨도 없고, 비야리 성에서 보인 유마 거사의 묵연(黙然) 도리[7]에도 둔하건만 공손히 지엄하신 하명(下命)을 받들어 감히 끝내 사양하지 못하였다.

그 저술된 내용을 두루 살펴보면 대체로 진공(眞空)[8]으로써 근본을 삼고 있고, 옛 성인께서 도에 들던 인연을 서술할 때나 옛 사람이 진리를 깨달은 이야기를 표현할 때엔 근기와 인연의 계합함이 마치 활쏘기와 칼쓰

---

4) 요의(了義) : 일을 다 마친 도리, 깨달아서 깨달음마저 두지 않는 경지를 말한다.

5) 삼학(三學) : 계(戒), 정(定), 혜(慧).

6) 5성(五性) : 법상종의 용어. 일체중생의 근기를 다섯 성품으로 나누어서 성불할 근기와 성불하지 못할 근기로 나누었다.

7) 유마 거사의 묵연 도리 : 유마 거사가 비야리성에서 그를 문병하러 온 문수보살과 법담을 할 때 잠자코 말이 없음으로 불이(不二)의 도리를 드러내 보인 일을 말한다.

8) 진공(眞空) : 색(色)이니 공(空)이니를 초월해서 누리는 경지.

기가 알맞는 것 같아 지혜가 갖추어진 데서 광명을 내어, 채찍 그림자만 보고도 달리는 말과 같은 상근기자(上根機者)들에게 널리 도움이 되고 있다.

후학(後學)들을 인도함에는 현묘한 진리를 드날리고 있고, 다른 이야기를 가져올 때에는 출처를 밝히고 있으며, 다듬어지지 않은 부분도 많으나 훌륭한 부분도 찾아볼 수 있었다. 모든 대사들이 대중에게 도리를 보일 때에 한결같은 소리로 펼쳐 보이고 있으니 영특한 이가 귀를 기울여 듣는다면 무수한 성인들이 증명한다 할 것이다. 개괄해서 들추어도 그것이 바탕이어서 한군데만 취해도 그대로가 옳다.

만일 별달리 더 붓을 댄다면 그 돌아갈 뜻을 잃을 것이다. 중국과 인도에서의 말이 이미 다르지 않은데 자칫하면 구슬에다 무늬를 새기려다 보배에 흠집을 낼 우려가 있기에, 이런 종류는 모두 그대로 두었다. 더욱이 일은 실제로 행한 것만을 취해 기록하여 틀림없이 잘 서술했으나 말이란 오래도록 남아 전해지는 까닭에 전혀 문장을 다듬지 않을 수는 없었다.

어떤 사연을 기록할 때엔 그 자취를 자세히 하였고 말이 복잡해지거나 이야기가 저속한 것이 있으면 모두 삭제하되 문맥이 통하게 하였다.

유교(儒敎)의 대신이나 거사(居士)의 문답에 이르러 벼슬자리와 성씨가 드러난 이는 연대와 역사에 비추어 잘못을 밝히고, 사적(史籍)에 따라 틀린 점을 바로잡아 믿을 만한 전기가 되게 하였다.

만일 바늘을 던져 맞추듯 한 치의 어긋남 없이 도리를 밝히는 일이 아니거나, 번갯불이 치듯 빠른 기틀을 내보이는 일이 아니거나, 묘하게 밝은 참 마음을 보이는 일이 아니거나, 고(苦)와 공(空)의 깊은 이치를 조사(祖師)의 뜻 그대로 기술(記述)하는 일이 아니라면, 어떻게 등불을 전한다는 전등(傳燈)이라는 비유에 계합(契合)하는 그 극진한 공덕을 베풀 수 있었겠는가?

만일 감응(感應)한 징조만을 서술하거나 참문하고 행각한 자취만을 기록한다 할 것 같으면 이는 이미 승사(僧史)에 밝혀져 있는 것이니, 어째서 선가(禪家)의 말씀을 굳이 취하겠는가? 세대와 계보의 명칭을 남긴 것만이 아니라 스승과 제자가 이어지는 근거를 널리 기록하였다.

그러나 옛날 책에 실린 것을 보면 잘 다듬어지지 않은 내용을 수록하고 잘 다듬어진 것은 버린 일이 있는데, 다른 기록에 남아 있으면 해당하는 문장을 찾아 보완하고, 더욱 널리 찾아서 덧붙이기도 하였다. 또한 서문과 논설에 이르러 혹 옛 조사(祖師)의 문장이 아닌 것이 사이사이 섞이어 공연히 군소리가 되었으면 모두 간추려서 다 깎아버렸으니, 이같이 하여 1년 만에 일이 끝났다.

저희 신(臣)들은 성품과 식견이 우둔하고, 학문이 넓지 못하고, 기틀이 본래 얕고, 문장력은 부족하여 묘한 도리가 사람에게 달렸다고는 하나 마음에서 떠난 지 오래되고 깊은 진리를 나타내는 말이 세속에서 단절되어, 담벽을 마주한 듯 갑갑하게 지낸 적이 많았다. 과분하게도 추천해 주시는 은혜를 받았으나 아무 힘도 발휘하지 못했다. 편찬하는 일이 이미 끝났으므로 이를 임금님께 바친다. 그러나 임금님의 뜻에 맞지 않아, 임금님께서 거룩히 살펴보시는 데에 공연히 누만 끼치는 것이 아닌가 한다. 삼가 바친다.

한림학사조산대부행좌사간지제고동
수국사판사관사주국남양군개국후식읍
1천백호사자금어대신 양억 지음

景德傳燈錄序 昔釋迦文。以受然燈之夙記當賢劫之次補。降神演化四十九年。開權實頓漸之門。垂半滿偏圓之教。隨機悟理。爰有三乘之差。接物利生。乃度無邊之衆。其悲濟廣大矣。其軌式備具矣。而雙林入滅。獨顧於飲光。屈眴相傳。首從於達磨。不立文字直指心源。不踐楷梯徑登佛地。逮五葉而始盛。分千燈而益繁。達寶所者蓋多。轉法輪者非一。蓋大雄付囑之旨。正眼流通之道。教外別行不可思議者也。

聖宋啟運人靈幽贊。太祖以神武戡亂。而崇淨剎。闢度門。太宗以欽明禦辯。而述祕詮。暢真諦。皇上睿文繼志而序聖教繹宗風。煥雲章於義天。振金聲於覺苑。蓮藏之言密契。竺乾之緒克昌。殖衆善者滋多。傳了義者間出。圓頓之化流於區域。有東吳僧道原者。冥心禪悅。索隱空宗。披弈世之祖圖。采諸方之語錄。次序其源派。錯綜其辭句。由七佛以至大法眼之嗣。凡五十二世。一千七百一人。成三十卷。目之曰景德傳燈錄。詣闕奉進冀於流布。

皇上爲佛法之外護。嘉釋子之勤業。載懷重慎。思致悠久。乃詔翰林學士左司諫知制誥臣楊億。兵部員外郎知制誥臣李維。太常丞臣王曙等。同加刊削。俾之裁定。臣等昧三學之旨迷五性之方。乏臨川翻譯之能。懵毘邪語默之要。恭承嚴命。不敢牢讓。竊用探索匪遑寧居。考其論譔之意。蓋以真空爲本。將以述曩聖入道之因。標昔人契理之說。機緣交激。若拄於箭鋒。智藏發光。旁資於鞭影。

誘道後學。敷暢玄猷。而捃摭之來。徵引所出。糟粕多在。油素可尋。其有大士。示徒。以一音而開演。含靈聳聽。乃千聖之證明。屬概舉之是資。取少分而斯可。若乃別加潤色失其指歸。既非華竺之殊言。頗近錯雕之傷寶。如此之類悉仍其舊。況又事資紀實。必由於善敘。言以行遠。非可以無文。其有標錄事緣。縷詳軌跡。或辭條之紛糾。或言筌之猥俗。並從刊削。俾之綸貫。

至有儒臣居士之問答。爵位姓氏之著明。校歲歷以愆殊。約史籍而差謬。鹹用刪去。以資傳信。自非啟投針之玄趣。馳激電之迅機。開示妙明之真心。祖述苦空之深理。即何以契傳燈之喻。施刮膜之功。若乃但述感應之徵符。專敘參遊之轍跡。此已標於僧史。亦奚取於禪詮。聊存世系之名。庶紀師承之自然而舊錄所載。或掇粗而遺精。別集具存。當尋文而補闕。率加采擷。爰從附益。逮於序論之作。或非古德之文。問廁編聯徒增楦釀（楦釀二字出唐張燕公文集。謂冗長也）亦用簡別多所屏去。汔茲周歲方遂終篇。臣等性識媿於冥煩。學問慚於涉獵。天機素淺。文力無餘。妙道在人。雖刳心而斯久。玄言絕俗。固牆面以居多。濫膺推擇之私。靡著發揮之效。已克終於紬繹。將仰奉於清間。莫副宸襟空塵睿覽。謹上。

翰林學士朝散大夫行左司諫知制誥同
修國史判史館事柱國南陽郡開國侯食邑
一千百戶賜紫金魚袋臣楊億 撰

승려 희위(希渭)의 경덕전등록 재발간사

호주로(湖州路) 도량산(道場山) 호성만세선사(護聖萬歲禪寺)의 늙은 중 희위(希渭)는 본관이 경원로(慶元路) 창국주(昌國州)이며 성은 동(董)씨다.

어릴 때부터 고향의 성에 있는 관음선사(觀音禪寺)에 가서 절조(絶照) 화상을 스승으로 삼았고, 법명(法名)을 받게 되어 자계현(慈溪懸) 개수(開壽)의 보광선사(普光禪寺)에 가서 용원(龍源) 화상에 의해 머리를 깎고 중이 되었다.

그대로 오대율사(五臺律寺)로 가서 설애(雪涯) 화상에게 구족계를 받은 뒤에 짐을 꾸려 서쪽으로 향해 행각을 떠나 수행을 하다가 나중에 다시 은사이신 용원 화상을 만나 이 산으로 옮겨 왔다.

스승을 따라 배움에 참여하고 이로움을 구한 지 벌써 여러 해가 되었다. 항상 스승의 은혜를 생각하면서도 갚을 기회가 없었다. 그런데 삼가 윗대로부터의 부처와 조사들을 수록한 경덕전등록 30권을 보니 7불로부터 법안(法眼)의 법사(法嗣)에 이르기까지 전부 52세대(世代)인데, 경덕(景德)에서 연우(延祐) 병진년에 이르기까지 317년이나 지나서 옛 판본이 다 썩어버려 남아있지 않기 때문에 후학들이 보고 싶어도 볼 수가 없었다. 이에 발심하여 다시 간행한다.

홀연히 내 고향에 있는 천성선사(天聖禪寺)의 송려(松廬) 화상이 소장하고 있던, 여산(廬山)의 은암(隱庵)에서 찍은 옛 책이 가장 보존이 잘된 상태로 입수되었는데, 아주 내 마음에 들었다. 마침내 병진(丙辰)년 정월 10일에 의발 등속을 모두 팔아 1만 2천여 냥을 얻었다. 그날 당장에 공인(工人)에게 간행할 것을 명하여 조사의 도리가 세상에 유포되게 하였다. 이 책은 모두 36만 7천 9백 17자이다. 그해 음력 12월 1일에야 공인의 작업이 끝났다.

당장에 300부를 인쇄하여 전당강(錢塘江) 남북지역과 안중(安衆)지역[9]의 여러 명산(名山)의 방장(方丈)[10]과 몽당(蒙堂)[11]과 여러 요사(寮舍)[12]에 한 부씩을 비치케 하여 온 세상의 도를 분변(分辨)하는 참선납자(參禪衲子)들이 참구하기에 편하도록 하였다. 이를 잘 이용하여 사은(四恩)[13]을 갚고 아울러 삼유(三有)의 중생[14]에게도 도움이 되기 바란다.

대원(大元) 연우(延祐) 3년[15] 음력 12월 1일
늙은 중 희위(希渭)가 삼가 쓰고
젊은 비구 문아(文雅)가 간행을 감독하고
주지 비구 사순(士洵)이 간행하다.

9) 두 지역은 희위 스님의 고향인 호주(湖州)와 비교적 인접한 지역들이다.

10) 방장(方丈) : 절의 주지가 거처하는 방. 지금은 견성한 이가 아니더라도 주지를 맡고 있으나 그 당시에는 견성한 도인이라야 그 절의 주지를 맡았다. 따라서 방장에는 대체로 법이 높은 스님이 기거하는 경우가 대부분이었다.

11) 몽당(蒙堂) : 승사(僧寺)의 일에서 물러난 사람이 거처하는 방.

12) 요사(寮舍) : 절에서 대중이 숙식하는 방.

13) 사은(四恩) : 보시(布施), 자애(慈愛), 화도(化導), 공환(共歡)의 네가지 시은(施恩), 또는 부모(父母), 중생(衆生), 국왕(國王), 삼보(三寶)의 네가지 지은(知恩).

14) 삼유(三有)의 중생 : 욕계(慾界), 색계(色界), 무색계(無色界)의 삼계(三界)를 유전하는 미혹한 중생.

15) 서기 1316년.

차 례

일러두기

1. 대만에서 펴낸 『경덕전등록(景德傳燈錄)』(宋釋道原 編, 新文豐出版公司, 民國 75년, 1986년)에 의거해서 번역했으며 누락된 부분 없이 완역하였다.
2. 농선 대원 선사가 각 선사장마다 선리의 토끼뿔을 더하여 닦아 증득하는데 도움이 되도록 하였다.
3. 뜻이 통하지 않는데도 오자가 아닐 때는 옛 한문 사전에서 그 조사 당시에 그 글자가 어떻게 쓰였는가를 찾아 번역하였다. 예를 들어 '還'자가 돌아올 '환'으로가 아니라 영위할 '영'으로 쓰여 뜻이 통한 경우에는 '영위하다' '누리다'로 의역하였다.
4. 선사들의 생몰연대는 여러 기록된 내용이 일치하지 않거나 미상으로 되어 있는 바가 많아, 각 선사 당시의 나라와 왕의 연대, 불교의 상황 등을 역사학자들이 전문적으로 연구하여 밝혀야 할 부분이 있기에, 이 책에서는 여러 자료와 연구 결과가 일치된 내용만을 주에서 표기하였다.
5. 첨가한 주의 내용은 불교에 대한 지식이 없는 이들도 선문답을 참구해 가는데 도움이 되도록 간략하게 달았으며, 주의 내용에 따라서는 사전적인 뜻보다는 선리(禪理)로서 그 뜻을 밝혀 마음에 비추어 참구할 수 있도록 하였다.

남악(南嶽) 회양(懷讓) 선사의 제4세 102인 중 89인

담주(潭州) 위산(潙山) 영우(靈祐) 선사의 법손 43인

- 원주(袁州) 앙산(仰山) 혜적(慧寂) 선사
- 등주(鄧州) 향엄사(香嚴寺) 지한(智閑) 선사
- 양주(襄洲) 연경산(延慶山) 법단(法端) 대사
- 항주(杭洲) 경산(徑山) 홍인(洪諲) 선사
- 복주(福州) 영운(靈雲) 지근(志勤) 선사
- 익주(益州) 응천(應天) 화상
- 복주(福州) 구봉(九峰) 자혜(慈慧) 선사
- 경조(京兆) 미(米) 화상
- 진주(晋州) 곽산(霍山) 화상
- 양주(襄州) 왕경초(王敬初) 상시(常侍)

(이상 10인은 본문에 기록되어 있다. 원주)

- 복주(福州) 쌍봉(雙峯) 화상
- 지화(志和) 선사
- 홍주(洪州) 서산(西山) 도방(道方) 선사
- 장연(長延) 원감(圓鑑) 선사
- 위산(潙山) 여진(如眞) 선사
- 병주(幷州) 원순(元順) 선사
- 흥원부(興元府) 숭호(崇皓) 선사

11권 법계보

- 악주(鄂州) 전심(全諗) 선사
- 숭산(嵩山) 신검(神劒) 선사
- 허주(許州) 홍진(弘進) 선사
- 여항(餘杭) 문립(文立) 선사
- 월주(越州) 광상(光相) 선사
- 소주(蘇州) 문약(文約) 선사
- 상원(上元) 지만(智滿) 선사
- 금주(金州) 법랑(法朗) 선사
- 악주(鄂州) 황학산(黃鶴山) 초달(超達) 대사
- 백록(白鹿) 종약(從約) 선사
- 서당(西堂) 복(復) 선사
- 온주(溫州) 영공(靈空) 선사
- 대위(大潙) 간(簡) 선사
- 형남(荊南) 지랑(智朗) 선사
- 위산(潙山) 보윤(普潤) 선사
- 위산(潙山) 법진(法眞) 선사
- 흑산(黑山) 화상
- 상산(霜山) 화상
- 남원(南源) 화상
- 저주(滁州) 정산(定山) 신영(神英) 선사
- 위산(潙山) 충일(沖逸) 선사

- 위산(潙山) 언(彥) 선사
- 기주(蘄州) 삼각산(三角山) 법우(法遇) 선사
- 등주(鄧州) 지전(志詮) 선사
- 형주(荊州) 홍규(弘珪) 선사
- 암배(巖背) 도광(道曠) 선사

(이상 33인은 본문에 기록되어 있지 않다. 원주)

복주(福州) 장경원(長慶院) 대안(大安) 선사의 법손 10인

- 익주(益州) 대수(大隨) 법진(法眞) 선사
- 소주(韶州) 영수(靈樹) 여민(如敏) 선사
- 복주(福州) 수산(壽山) 사해(師解) 선사
- 요주(饒州) 요산(嶢山) 화상
- 천주(泉州) 포전(莆田) 숭복(崇福) 혜일(慧日) 대사
- 태주(台州) 부강(浮江) 화상
- 노주(潞州) 녹수(渌水) 화상
- 광주(廣州) 문수원(文殊院) 원명(圓明) 선사

(이상 8인은 본문에 기록되어 있다. 원주)

- 온주(溫州) 영양(靈陽) 선사
- 홍주(洪州) 지의(紙衣) 화상

(이상 2인은 본문에 기록되어 있지 않다. 원주)

항주(杭州) 경산(徑山) 감종(鑒宗) 대사의 법손 3인

- 명주(明州) 천동(天童) 함계(咸啓) 선사
- 배산(背山) 행진(行眞) 선사
- 항주(杭州) 대자산(大慈山) 행만(行滿) 선사

(이상 3인은 본문에 기록되어 있지 않다. 원주)

조주(趙州) 동원(東院) 종심(從諗) 선사의 법손 13인

- 홍주(洪州) 무령현(武寧縣) 신흥(新興) 엄양(嚴陽) 존자
- 양주(揚州) 성동(城東) 광효원(光孝院) 혜각(慧覺) 선사
- 농주(隴州) 국청원(國淸院) 봉(奉) 선사
- 무주(婺州) 목진(木陳) 종랑(從朗) 선사
- 무주(婺州) 신건(新建) 선사
- 항주(杭州) 다복(多福) 화상
- 익주(益州) 서목(西睦) 화상

(이상 7인은 본문에 기록되어 있다. 원주)

- 담주(潭州) 마곡산(麻谷山) 화상
- 관음원(觀音院) 정악(定鄂) 선사
- 선주(宣州) 명평산(茗萍山) 화상
- 태원(太原) 면(免) 도자(道者)
- 유주(幽州) 연왕(燕王)
- 진주(鎭州) 조왕(趙王)

(이상 6인은 본문에 기록되어 있지 않다. 원주)

구주(衢州) 자호암(子湖巖) 이종(利蹤) 선사의 법손 4인

- 태주(台州) 승광(勝光) 화상
- 장주(漳州) 부석(浮石) 화상
- 자동(紫桐) 화상
- 일용(日容) 화상

(이상 4인은 본문에 기록되어 있다. 원주)

길주(吉州) 효의사(孝義寺) 성공(性空) 선사의 법손 1인

- 공주(邛州) 수흥원(壽興院) 수한(守閑) 선사

(이상 1인은 본문에 기록되어 있지 않다. 원주)

악주(鄂州) 수유(茱萸) 화상의 법손 1인

- 석제(石梯) 화상

(이상 1인은 본문에 기록되어 있다. 원주)

천룡(天龍) 화상의 법손 2인

- 무주(婺州) 금화산(金華山) 구지(俱胝) 화상

(이상 1인은 본문에 기록되어 있다. 원주)

- 신라국(新羅國) 언충(彥忠) 선사

(이상 1인은 본문에 기록되어 있지 않다. 원주)

장사(長沙) 경잠(景岑) 선사의 법손 2인

- 명주(明州) 설두산(雪竇山) 상통(常通) 선사
  (이상 1인은 본문에 기록되어 있다. 원주)
- 무주(婺州) 금화산(金華山) 엄령(嚴靈) 선사
  (이상 1인은 본문에 기록되어 있지 않다. 원주)

양주(襄州) 관남(關南) 도상(道常) 선사의 법손 2인

- 관남(關南) 도오(道吾) 화상
- 장주(漳州) 나한(羅漢) 화상
  (이상 2인은 본문에 기록되어 있다. 원주)

백마(白馬) 담조(曇照) 선사의 법손 1인

- 진주(晋州) 곽산(霍山) 무명(無名) 선사
  (이상 1인은 본문에 기록되어 있지 않다. 원주)

신라국(新羅國) 대증(大證) 선사의 법손 2인

- 문성대왕(文聖大王)
- 헌안대왕(憲安大王)
  (이상 2인은 본문에 기록되어 있지 않다. 원주)

11권 법계보

소마(小馬) 신조(神照) 선사의 법손 1인

- 진운군(縉雲郡) 연운원(連雲院) 유연(有緣) 선사

(이상 1인은 본문에 기록되어 있지 않다. 원주)

고안(高安) 대우(大愚) 화상의 법손 1인

- 균주(筠州) 말산(末山) 비구니 요연(了然)

(이상 1인은 본문에 기록되어 있다. 원주)

신라국(新羅國) 홍직(洪直) 선사의 법손 2인

- 흥덕대왕(興德大王)
- 선강태자(宣康太子)

(이상 2인은 본문에 기록되어 있지 않다. 원주)

허주(許州) 무적(無跡) 화상의 법손 1인

- 도수(道遂) 선사

(이상 1인은 본문에 기록되어 있지 않다. 원주)

남악(南嶽) 회양(懷讓) 선사의
제4세 법손(法孫)

회양(懷讓) 선사의 제4세
앞의 위산(潙山) 영우(靈祐) 선사의 법손

원주(袁州) 앙산(仰山) 혜적(慧寂) 선사

혜적 선사[1]는 소주(韶州) 회화 사람으로 성은 섭(葉)씨이다. 나이 열다섯 살에 출가하려 하였으나 부모가 허락하지 않자, 2년 후에 두 손가락을 끊고 부모 앞에 꿇어앉아서 바른 법을 구하여 노고하신 은혜에 보답하겠다고 맹세하였다.

그리하여 마침내 남화사(南華寺) 통(通) 선사를 의지하여 머리를 깎고, 구족계를 받기 전에 행각을 떠났다.

前潙山靈祐禪師法嗣(懷讓禪師第四世)。袁州仰山慧寂禪師。韶州懷化人也。姓葉氏。年十五欲出家父母不許。後二載師斷手二指跪致父母前。誓求正法以答劬勞。遂依南華寺通禪師落髮。未登具即遊方。

---

1) 혜적 선사(814 ~ 890).

처음에 탐원(耽源)을 만나 현묘한 진리를 깨닫고, 나중에 위산을 참문하여 깊은 경지에 이르렀다.

위산(潙山, 영우)이 물었다.

"그대는 주인이 있는 사미냐, 주인이 없는 사미냐?"

"주인이 있습니다."

"어디에 있느냐?"

대사가 서쪽에서 동쪽으로 가서 서자, 위산은 그가 뛰어난 사람임을 알고 법을 일러 주었다.

대사가 물었다.

"어떤 것이 참 부처가 머무는 곳입니까?"

"생각 없는 묘한 데서 생각한다지만 무궁한 지혜로 돌이킨다는 생각마저 다 사라진 근원에서 영위하여야 성상(性相)이 항상하고 현실과 이치가 둘이 아니어서 참 부처가 여여(如如)하리라."

대사가 이 말끝에 단박에 깨닫고 이로부터 시봉을 하다가, 얼마 지나지 않아 강릉으로 가서 계를 받고 여름을 지내면서 율장을 탐구하였다.

初謁耽源已悟玄旨。後參潙山遂陞堂奧。祐問曰。汝是有主沙彌無主沙彌。師曰。有主。曰在什麼處。師從西過東立。祐知是異人便垂開示。師問。如何是真佛住處。祐曰。以思無思之妙。返思靈焰之無窮。思盡還源性相常住。事理不二真佛如如。師於言下頓悟。自此執侍。尋往江陵受戒住夏探律藏。

나중에 암두(巖頭)를 찾아뵈니, 암두가 불자를 쳐들었다. 대사가 방석을 펴니, 암두가 들었던 불자를 등 뒤에다 두었다. 대사가 방석을 어깨에 메고 나가니, 암두가 말하였다.

"나는 그대가 편 것은 긍정하지 않는다. 다만 그대가 거둔 것만 긍정한다."

또 앙산이 석실(石室)에게 물었다.

"부처와 도의 거리가 얼마나 됩니까?"

석실이 말하였다.

"도는 손을 편 것과 같고, 부처는 주먹을 쥔 것과 같다."

이어 석실을 하직하니, 석실이 문까지 전송을 나왔다가 대사를 부르고 말하였다.

"그대는 가기만 하지 말고 이 뒤에 다시 내게로 돌아오라."[2)]

後參巖頭。巖頭擧起拂子。師展坐具。巖頭拈拂子置背後。寂將坐具搭肩上而出。頭云。我不肯汝放。只肯汝收。又問石室。佛之與道相去幾何。石室云。道如展手佛似握拳。乃辭石室。石室門送召云。子莫一向去。已後却來我邊(雲居錫云。要會麼。如今歸堂去。明日却上來)。

---

2) 운거석(雲居錫)이 말하기를 "알겠는가? 지금은 돌아갔다가 내일 다시 오너라." 하였다. (원주)

위주(韋宙)가 위산에게 가서 게송 하나를 써 달라고 하니 위산이 말하였다.

"서로 얼굴을 마주하고 주었거늘 이 둔한 자여, 종이와 먹으로 써서 준들 어쩌랴."

이내 그가 대사에게 와서 청하니, 대사는 종이 위에다 일원상을 그려놓고 '생각하고 알면 둘째 머리에 떨어지고, 생각하지 않고 알면 셋째 머리에 떨어진다.'라고 주(註)를 달았다.

어느 날 위산을 따라 밭을 일구다가 대사가 물었다.

"여기는 이렇게 낮고, 저기는 저렇게 높습니다."

"물이라야 물건의 수평을 잡을 수 있으니 물로써 수평을 잡아라."

"물도 믿을 수 없습니다. 화상께서는 그저 높은 곳은 높은 대로 고르시고, 낮은 곳은 낮은 대로 고르십시오."

위산이 그렇다고 여겼다.

韋宙就潙山請一伽陀。潙山曰。覿面相呈猶是鈍漢。豈況形於紙筆。乃就師請。師於紙上畫一圓相。注云。思而知之落第二頭。不思而知落第三首。一日隨潙山開田。師問曰。遮頭得恁麼低。那頭得恁麼高。祐曰。水能平物但以水平。師曰。水也無憑。和尚但高處高平低處低平。祐然之。

어떤 신도가 비단을 보내오자 대사가 물었다.
"화상께서는 시주의 이러한 공양을 받으시고 무엇으로 보답하시겠습니까?"
위산이 선상을 두드려 보이니, 대사가 말하였다.
"화상께서는 어찌하여 뭇 사람의 물건을 자기 것으로 쓰십니까?"

위산이 갑자기 대사에게 물었다.
"어디를 갔다 왔는가?"
대사가 말하였다.
"밭에서 옵니다."
"밭에 사람이 얼마나 있던가?"
대사가 삽을 꽂고 서 있으니, 위산이 말하였다.
"오늘 남산에서 여러 사람이 띠풀을 베더라."

有施主送絹。寂問。和尚受施主如是供養將何報答。祐敲禪床示之。師曰。和尚何得將眾人物作自己用。祐忽問師什麼處去來。師曰。田中來。祐曰。田中多少人。師插鍬而立。祐曰。今日南山大有人刈茅在。

대사가 삽을 메고 가버렸다.[3)]

대사가 위산에서 소를 먹일 때에 제1좌가 말하였다.

"백억 털끝에 백억 사자가 나타납니다."

대사가 대답하지 않고 돌아가서 위산을 모시고 서 있으니, 제1좌가 와서 문안을 여쭈었다.

師擧鍬而去(玄沙云。我若見即踢倒鍬子。僧問鏡清。仰山插鍬意旨如何。清云。狗銜赦書諸侯避道。又問。只如玄沙踢鍬其意如何。清云。勿奈船何打破戽斗。又問。南山刈茅意旨如何。鏡清云。李靖三兄久經行陣。雲居錫云。且道。鏡清下此一判著不著。又僧問禾山云。仰山插鍬意旨如何。禾山云。汝問我。僧云。玄沙踢鍬意旨如何。禾山云。我問汝)。師在潙山牧牛時。第一座曰。百億毛頭百億獅子現。師不答。歸侍立。第一座上問訊。

---

3) 현사(玄沙)가 말하기를 "내가 보았더라면 삽을 차서 넘어뜨렸을 것이다." 하였다. 어떤 승려가 경청(鏡清)에게 묻기를 "앙산이 삽을 꽂은 뜻은 무엇입니까?" 하니, 경청이 대답하기를 "개가 사서(赦書, 왕의 칙령)를 물고 가니 제후가 길을 피한다." 하였다. 또 묻기를 "현사가 삽을 차서 쓰러뜨리겠다고 한 뜻이 무엇입니까?" 하니, 경청이 대답하기를 "배로 대처하지 않고 어찌 표주박을 때려 부수랴." 하였다. 또 묻기를 "남산에서 띠풀을 벤다는 뜻이 무엇입니까?" 하니, 경청이 대답하기를 "이정(李靖, 장수 이름)이 세 형제 중에서 가장 오래 진을 쳤느니라." 하였다.
운거석(雲居錫)이 말하기를 "말해 봐라. 경청이 이러한 판단을 한 것이 맞는가, 맞지 않는가?" 하였다.
또 어떤 승려가 화산(禾山)에게 묻기를 "앙산이 삽을 꽂은 뜻이 무엇입니까?" 하니, 화산이 대답하기를 "그대가 나에게 물어라." 하였다. 승려가 다시 묻기를 "현사가 삽을 쓰러뜨리겠다고 한 뜻이 무엇입니까?" 하니, 화산이 대답하기를 "내가 그대에게 묻는다." 하였다. (원주)

대사가 앞의 말을 들어서 물었다.

"아까 백억 털끝에 백억 사자가 나타난다 했는데, 어찌 상좌가 아니겠소?"

"그렇소."

대사가 말하였다.

"나타날 때에는 털 앞에 나타났소, 아니면 털 뒤에 나타났소?"

제1좌가 말하였다.

"나타날 때 앞뒤를 말하지 않소."

대사가 그대로 밖으로 나가니, 위산이 말하였다

"사자 허리가 부러졌다."

위산의 상좌가 불자를 번쩍 들고 말하였다.

"도리를 지을 수 있는 이에게 이것을 주겠다."

대사가 대답하였다.

"제가 도리를 짓겠는데 되겠습니까?"

"다만 도리를 짓기만 하면 바로 얻는다."

師擧前語問云。適來道百億毛頭百億獅子現。豈不是上座。曰是。師曰。正當現時毛前現毛後現。上座曰。現時不說前後。師乃出。祐曰。獅子腰折也。溈山上座擧起拂子曰。若人作得道理即與之。師曰。某甲作得道理。還得否。上座曰。但作得道理便得。

대사가 불자를 빼앗아 가지고 갔다.[4)]

어느 날 비가 오니 상좌가 말하였다.
"혜적, 좋은 비요."
"좋은 것이 어디에 있습니까?"
상좌가 말이 없으니, 대사가 말하였다.
"제가 말할 수 있습니다."
상좌가 말하였다.
"좋은 것이 어디에 있는가?"
대사가 비를 가리켰다.

위산이 대사와 함께 길을 가는데 까마귀가 홍시 하나를 물어다가 앞에다 떨어뜨렸다.

위산이 주워서 대사에게 주니, 대사가 받아서 물로 씻어다가 다시 위산에게 드렸다.

師乃掣拂子將去(雲居錫云。什麼處是仰山道理)。一日雨下。上座曰。好雨寂闍梨。師曰。好在什麼處。上座無語。師曰。某甲却道得。上座曰。好在什麼處。師指雨。溈山與師遊行次。烏銜一紅柿落前。祐將與師。師接得乃以水。洗了却與祐。

---

4) 운거석(雲居錫)이 말하기를 "어디가 앙산의 도리인가?" 하였다. (원주)

위산이 말하였다.

“그대는 이것을 어디서 얻었는가?”

“모두가 화상의 도덕에 감응한 바입니다.”

위산이 말하였다.

“그대도 그저 그만둘 수는 없지.”

그리고는 반을 나누어 대사에게 주었다.[5)]

대사가 승복을 빨고 있는데 탐원(耽源)이 물었다.

“바로 이럴 때에 어떠한가?”

대사가 말하였다.

“바로 이럴 때에 어느 곳을 향해 보십니까?”

대사가 위산을 따른 지 15년이 되자 배우는 무리 가운데 그의 말이나 글을 복종하여 따르지 않는 이가 없었다.

祐曰。子什麼處得來。師曰。此是和尚道德所感。祐曰。汝也不得空然。即分半與師(玄沙云。大小潙山被仰山一坐至今起不得)。師浣衲衣次。耽源曰。正恁麼時作麼生。師曰。正恁麼時向什麼處見。師盤桓潙山前後十五載。凡有語句學衆無不弭伏。

---

5) 현사(玄沙)가 말하기를 “대단하다는 위산이 앙산의 한 마디에 넘어져서 아직도 일어나지 못하는구나.” 하였다. (원주)

위산의 비밀한 법인을 전해 받은 뒤에 무리를 이끌고 왕망산에서 살았는데, 교화할 인연이 맞지 않아서 앙산으로 옮기니 배우는 무리가 많이 모였다.

대사가 법상에 올라 대중에게 보였다.

"그대들 모두가 제각기 광명을 돌이켜 돌아볼지언정, 내 말이나 기억해 두지는 마라. 그대들이 비롯함이 없는 겁(劫) 이래로 밝음을 등지고 어둠을 향하였기에 망상의 근원을 단박에 뽑기는 어렵다. 그러므로 거짓으로 방편을 베풀어 그대들의 거친 의식을 없애려 하니, 마치 누런 잎으로 우는 아기를 달래는 것과 같거늘 어찌 옳다 하겠는가?

또 어떤 사람이 백 가지 종류의 물건과 금과 옥으로 가게 하나를 차려 장사를 하면서 다만 경중에 따라 계량하는 것과 같다.

그러므로 석두(石頭)는 진금포(眞金鋪)요, 나는 잡화포(雜貨鋪)라 한다. 어떤 사람이 와서 쥐똥을 찾더라도 나는 주고, 와서 순금을 찾더라도 나는 준다."

暨受溈山密印。領衆住王莽山。化緣未契遷止仰山學徒臻萃。師上堂示衆云。汝等諸人各自回光返顧莫記吾言。汝無始劫來背明投暗。妄想根深卒難頓拔。所以假設方便奪汝麁識。如將黃葉止啼。有什麼是處。亦如人將百種貨物與金寶玉作一鋪貨賣。秖擬輕重來機。所以道。石頭是真金鋪。我遮裏是雜貨鋪。有人來覓鼠糞我亦拈與他。來覓真金我亦拈與他。

이때 어떤 승려가 물었다.

"쥐똥은 요구하지 않습니다. 화상께 청하니 순금을 주십시오."

"활촉을 물고 입을 열려고 하면 나귀해가 되어도 모를 것이다."

승려가 대답이 없으니 대사가 말하였다.

"찾는 이가 있으면 거래가 있고, 찾는 이가 없으면 거래가 없다. 내가 선종(禪宗)만 말하였으면 옆에 한 사람도 서로 함께할 자가 없었을 것인데, 어째서 5백 명, 7백 명이 있을 수 있겠는가?

내가 만일 이렇게 저렇게 말하는 데서 앞을 다투어 주워 모으려고 하는 것은 마치 빈주먹에 아이들이 속은 것과 같아서 모두가 실다운 것이 없다.

내가 이제 분명히 그대를 향하여 말하니, 거룩한 쪽의 일에도 마음을 두지 말고 오직 자기의 성품바다를 향해 여실히 닦되 삼명육통(三明六通)[6]을 바라지 마라.

時有僧問。鼠糞即不要。請和尚真金。師云。齧鏃擬開口。驢年亦不會。僧無對。師曰。索喚則有交易。不索喚則無。我若說禪宗身邊要一人相伴亦無。豈況有五百七百眾耶。我若東說西說。則爭頭向前采拾。如將空拳誑小兒都無實處。我今分明向汝說聖邊事且莫將心湊泊。但向自己性海如實而修。不要三明六通。

6) 삼명육통(三明六通) : 신족통, 천안통, 천이통, 타심통, 숙명통, 누진통을 육통이라 하고, 이 육통 중에서 천안, 숙명, 누진을 특히 삼명이라 한다.

무슨 까닭이겠는가? 이는 성인들의 마지막 일이기 때문이다. 지금 바로 마음을 알고 근본을 통달하기 바란다. 그 근본만을 얻을 뿐 마지막 일을 근심하지 마라. 훗날 때가 되면 저절로 갖추어지리라.

만일 근본을 얻지 못하고 망정으로 배우려 하면 얻지 못하리니 그대들은 보지 못했는가?

위산 화상이 말하기를 '범부니 성인이니 하는 정이 다하여 본체의 참되고 항상함이 드러나면 일과 이치가 둘이 아니어서 여여한 부처다.'라고 하셨다."

어떤 승려가 물었다.

"어떤 것이 조사의 뜻입니까?"

대사가 손으로 허공에 일원상을 그리고 그 안에 '불(佛)'자를 쓰니 승려가 말이 없었다.

대사가 제1좌에게 말하였다.

何以故。此是聖末邊事。如今且要識心達本。但得其本莫愁其末。他時後日自具去在。若未得本縱饒將情學他亦不得。汝豈不見。潙山和尚云。凡聖情盡體露真常事理不二即如如佛。問如何是祖師意。師以手於空作圓相。相中書佛字。僧無語。師謂第一座曰。

"선도 생각하지 말고 악도 생각하지 마라. 바로 이럴 때에 어떠한가?"

"바로 그럴 때가 제가 몸과 목숨을 놓아버린 곳입니다."

대사가 말하였다.

"어째서 나에게는 묻지 않는가?"

"바로 그럴 때에는 화상이 있는 것마저 보지 않습니다."

"나를 돕는다지만 나를 일어나지도 못하게 하는구나."

대사가 위산에 돌아가서 문안을 드리는데 위산 선사가 물었다.

"그대는 이미 선지식이라 불리니, 제방에서 온 사람이 아는지 모르는지, 그들에게 스승이 있는지 없는지, 또는 교학승인지 선승인지를 어떻게 가려내는지 그대가 시험삼아 말해 봐라."

"제게는 시험하는 방법이 있는데, 제방에서 온 승려를 보면 불자를 세우고 그에게 묻기를 '제방에서도 이것을 말하던가, 말하지 않던가?'라고 합니다. 또 말하기를 '이것은 그만두고 제방의 노숙의 뜻이 어떻던가?'라고 합니다."

不思善不思惡正恁麼時作麼生。對曰。正恁麼時是某甲放身命處。師曰。何不問老僧。對曰。正恁麼時不見有和尚。師曰。扶吾教不起。師因歸潙山省覲。祐問。子既稱善知識。爭辨得諸方來者。知有不知有。有師承無師承。是義學是玄學。子試說看。師曰。慧寂有驗處。但見諸方僧來便竪起拂子。問伊。諸方還說遮箇不說。又云。遮箇且置。諸方老宿意作麼生。

위산이 탄복하며 말하였다.
"이는 예로부터 종문(宗門)의 용사〔牙爪〕[7]이다."

위산이 물었다.
"온누리 중생의 망망한 업식은 의거할 근본이 없는데 그대는 어떻게 그에게 있고 없음을 아는가?"
"저에게 시험하는 방법이 있습니다."
때마침 어떤 승려가 그 앞을 지나니 대사가 불렀다.
"스님."
그 승려가 머리를 돌리니, 대사가 말하였다.
"화상이시여, 이것이 바로 망망한 업식이 의거할 근본이 없는 것입니다."
위산이 말하였다.
"이는 사자의 젖 한 방울로 나귀의 젖 여섯 섬을 물리치는 것이다."

祐歎曰。此是從上宗門中牙爪。祐問。大地衆生業識茫茫無本可據。子作麼生知他有之與無。師曰。慧寂有驗處。時有一僧從面前過。師召云。闍梨。其僧回首。師曰。和尚這箇便是業識茫茫無本可據。祐曰。此是獅子一滴乳。迸散六斛驢乳。

---

7) 아조(牙爪) : 원문의 아조(牙爪)는 용사나 혹은 무장을 비유하는 말이다.

상공(相公)인 정우(鄭愚)가 물었다.

"번뇌를 끊은 적 없이 열반에 들 때에는 어떠합니까?"

대사가 불자를 세우니, 상공이 말하였다.

"들어갔다는 한 글자마저 필요 없겠습니다."

"들어갔다는 한 글자마저도 상공을 위한 것이 아닙니다."[8)]

대사가 어떤 승려에게 물었다.

"어디서 오는가?"

"유주(幽州)에서 옵니다."

"내가 마침 유주의 소식을 알고 싶었는데 쌀값이 얼마인가?"

"제가 떠날 때에 우연히 시장을 지나쳐 오다가 돌다리를 차서 부러뜨렸습니다."

대사가 그만두었다.

鄭愚相公問。不斷煩惱而入涅槃時如何。師竪起拂子。公曰。入之一字不要亦得。師曰。入之一字不為相公(法燈別云。相公不用煩惱)。師問僧。什麼處來。曰幽州。師曰。我恰要箇幽州信米作麼價。曰某甲來時無端從市中過。蹋折他橋梁。師便休。

8) 법등(法燈)이 따로 말하기를 "상공은 번뇌라는 것마저 쓰지 마십시오." 하였다. (원주)

대사가 어떤 승려가 오는 것을 보고 불자를 세우니, 그 승려가 할(喝)을 하였다.

대사가 말하였다.

"할(喝)은 없을 수 없다 하자. 말해 봐라. 노승(老僧)의 허물이 어디에 있느냐?"

승려가 말하였다.

"화상께서 경계를 가지고 사람에게 보이시는 것은 합당치 않으십니다."

대사가 때렸다.

대사가 향엄(香嚴)에게 물었다.

"아우님의 요사이 보는 경지가 어떠하오?"

향엄이 말하였다.

"저는 끝내 말할 수 없습니다."

그리고는 게송을 말하였다.

師見僧來竪起拂子。其僧便喝。師曰。喝即不無。且道老僧過在什麼處。僧曰。和尚不合將境示人。師乃打之。師問香嚴。師弟近日見處如何。嚴曰。某甲卒說不得。乃有偈曰。

작년의 가난은 가난이 아니었고
금년의 가난이 비로소 가난일세
작년 가난은 송곳 꽂을 땅이 없더니
금년 가난은 송곳마저 없네

대사가 말하였다.

"그대는 여래선(如來禪)만을 얻었을 뿐, 조사선(祖師禪)은 얻지 못했다."[9)]

위산이 거울 하나를 봉해서 대사에게 보냈는데, 대사가 법상에 올라 이를 꺼내 들고 말하였다.

去年貧未是貧。
今年貧始是貧。
去年貧無卓錐之地。
今年貧錐也無。

師曰。汝只得如來禪。未得祖師禪(玄覺云。且道祖師禪與如來禪分不分。長慶稜云。一時坐却)。潙山封一面鏡寄師。師上堂提起云。

---

9) 현각(玄覺)이 말하기를 "조사선과 여래선은 다른 것인가, 다르지 않은 것인가? 말해 봐라." 하였다.
장경릉(長慶稜)이 말하기를 "일시에 물리쳤다." 하였다. (원주)

"이것이 위산의 거울인가, 앙산의 거울인가? 누가 말할 수 있으면 깨뜨리지 않겠다."

대중이 아무도 대답이 없으니 대사가 박살을 내버렸다.

대사가 쌍봉(雙峯)에게 물었다.

"아우님의 요사이 보는 경지가 어떠하오?"

"제가 보기에는 실로 한 법도 정(情)이랄 것이 없습니다."

"그대의 견해는 아직 경계에 있구나."

쌍봉이 물었다.

"저는 이와 같은데 사형께서는 어떠하십니까?"

"그대인들 어찌 한 법도 정이랄 것이 없다는 것을 모르겠는가?"

위산이 이 말을 듣고 말하였다.

"혜적의 이 한 마디가 천하 사람을 의혹으로 몰아넣는다."[10)]

且道是溈山鏡仰山鏡。有人道得即不撲破。衆無對。師乃撲破。師問雙峯。師弟近日見處如何對曰。據某甲見處。實無一法可當情。師曰。汝解猶在境。雙峯曰。某甲只如此。師兄如何。師曰。汝豈不能知無一法可當情者。溈山聞云。寂子一句疑殺天下人(玄覺云。金剛經道。實無一法然燈佛與我受記。他道實無一法可當情。為什麼道。解猶在境。且道利害在什麼處)。

---

10) 현각(玄覺)이 말하기를 "금강경에서도 진실로 연등불(然燈佛)이 한 법도 나에게 수기를 주신 것이 없다 하였고, 그는 한 법도 정이랄 것이 없다 하였는데 어찌하여 아직도 경계에 있다 하였는가? 일러 봐라. 이롭고 해로움이 어디에 있는가?" 하였다. (원주)

어떤 승려가 물었다.

"법신도 설법을 할 수 있습니까?"

대사가 말하였다.

"나는 말할 수 없다. 따로 한 사람이 말할 수 있다."

"말할 수 있는 이는 어디에 있습니까?"

대사가 퇴침〔枕子〕을 밀어냈다.

위산이 이 말을 듣고 말하였다.

"혜적은 칼날 위의 일을 활용하는구나."

대사가 눈을 감고 앉았는데 어떤 승려가 조용히 와서 곁에 섰다. 대사가 눈을 뜨고 땅 위에다 일원상을 그리고 그 안에다 '수(水)' 자를 쓴 뒤에 그 승려를 돌아보니, 그 승려가 말이 없었다.

대사가 지팡이 하나를 짚고 다니니, 어떤 승려가 물었다.

"어디서 얻으셨습니까?"

대사가 등 뒤에다 숨기니, 승려가 말이 없었다.

僧問。法身還解說法也無。師曰。我說不得。別有一人說得。曰說得底人在什麼處。師推出枕子。潙山聞云。寂子用劍刃上事。師閉目坐次。有僧潛來身邊立。師開目於地上作一圓相。相中書水字顧視其僧。僧無語。師携一杖子。僧問。什麼處得。師便拈向背後。僧無語。

대사가 어떤 승려에게 물었다.

"그대는 무엇을 아는가?"

"점을 칠 줄 압니다."

대사가 불자를 들고 말하였다.

"이것은 64괘에서 어느 괘에 해당하는가?"

승려가 대답이 없자, 대사가 대신 말하였다.

"아까는 뇌천대장(雷天大壯)[11]이더니, 이제는 지화명이(地火明夷)[12]로 변했구나."

대사가 어떤 승려에게 물었다.

"이름이 무엇인가?"

"영통(靈通)입니다."

"등롱(燈籠) 속으로 들어가 보아라."

"이미 들어갔습니다."[13]

師問一僧。汝會什麼。僧曰。會卜。師提起拂子曰。遮箇六十四卦中阿那卦收。僧無對。師自代云。適來是雷天大壯。如今變為地火明夷。師問僧。名什麼。曰靈通。師曰。便請入燈籠。曰早箇入了也(法眼別云。喚什麼作燈籠)。

11) 뇌천대장(雷天大壯) : 활발한 괘.
12) 지화명이(地火明夷) : 옹색한 괘.
13) 법안(法眼)이 따로 말하기를 "무엇을 등롱이라고 하는가?" 하였다. (원주)

어떤 승려가 물었다.

"옛사람이 말하기를 색(色)을 보면 마음을 본다 하였습니다. 선상(禪床)은 색인데 화상께서는 색을 떠나서 학인의 마음을 가르쳐 주십시오."

대사가 말하였다.

"어떤 것이 선상인가? 가리켜 봐라."

승려가 대답이 없었다.[14]

어떤 승려가 물었다.

"어떤 것이 비로자나불의 스승입니까?"

대사가 꾸짖으니, 그가 다시 물었다.

"어떤 것이 화상의 스승입니까?"

"무례하게 굴지 마라."

僧問。古人道。見色便見心。禪床是色。請和尚離色指學人心。師曰。那箇是禪床指出來。僧無語(玄覺云。忽然被伊却指禪床。作麼生對伊好。有僧云。却請和尚道。玄覺代拊掌三下)。僧問。如何是毘盧師。師乃叱之。又問。如何是和尚師。師曰。莫無禮。

14) 현각(玄覺)이 말하기를 "홀연히 그가 선상(禪床)을 가리켰다면 어떻게 대꾸해야 좋을 것인가?" 하니, 어떤 승려가 말하기를 "화상께서 말씀해 주십시오." 하였다. 현각이 대신 손뼉을 세 번 쳤다. (원주)

대사가 한 승려와 이야기를 하는데 그 곁에 있는 승려가 말하였다.

“이야기를 하는 쪽은 문수요, 잠자코 있는 사람은 유마(維摩)입니다.”

대사가 말하였다.

“말하지도 않고, 잠자코 있지도 않는 이는 그대가 아닌가?”

승려가 잠자코 있으니 대사가 말하였다.

“어찌 신통을 나타내지 않는가?”

“신통을 나타내는 것은 사양하지 않으나, 단지 화상께서 교학에 빠져들까 걱정입니다.”

“그대가 하는 짓을 살펴보건대 교학 밖의 안목이 없구나.”

어떤 이가 물었다.

“천당과 지옥의 거리가 얼마나 됩니까?”

대사가 주장자로 땅에다 한 획을 그었다.

師共一僧語。旁有僧曰。語底是文殊默底是維摩。師曰。不語不默底莫是汝否。僧默之師曰。何不現神通。僧曰。不辭現神通。只恐和尚收入教。師曰。鑒汝來處未有教外底眼。問天堂地獄相去幾何。師將拄杖畫地一畫。

대사가 관음원에 있을 때 다음과 같은 방(榜)을 걸었다.

"경을 보는 동안에는 일을 묻지 마라."

나중에 어떤 승려가 문안을 드리러 왔다가 대사가 경을 보는 것을 보고 서서 기다렸다.

대사가 경을 덮고 물었다.

"알겠는가?"

"저는 경을 보지 않았는데 어찌 알 수 있겠습니까?"

"그대가 이후에 알게 될 것이다."[15)]

어떤 승려가 물었다.

"선종(禪宗)에서 단번에 깨달아 구경의 문에 드는 이치가 어떠합니까?"

師住觀音時出榜云。看經次不得問事。後有僧來問訊。見師看經旁立而待。師卷却經問。會麼。僧曰。某甲不看經爭得會。師曰。汝以後會去在(其僧到巖頭。巖頭問。什麼處來。僧曰。江西觀音院來。巖頭云。和尚有何言句。其僧舉前語。巖頭云。遮箇老師。我將謂被故紙埋却。元來猶在)。僧問。禪宗頓悟畢竟入門的意如何。

15) 그 승려가 암두(巖頭)에게 가니, 암두가 묻기를 "어디서 왔는가?" 하였다. 그 승려가 "강서(江西) 관음원에서 왔습니다." 하니, 암두가 말하기를 "화상께서 무슨 말이 없던가?" 하였다. 그 승려가 앞의 일을 이야기하니, 암두가 말하기를 "그 노장이 묵은 창호지 속에 파묻히리라 여겼더니 본래대로 태연하구나." 하였다. (원주)

대사가 말하였다.

"이 이치는 지극히 어려우니, 만일 조종 문하의 상근상지(上根上智)라면 하나를 듣고 천을 깨달아서 큰 다라니를 얻겠지만 이런 근기의 사람을 얻기는 어렵다. 근기가 미약하고 지혜가 얕은 이가 있으므로 고덕(古德)이 말씀하시기를 '선정의 고요한 생각으로써 안정함이 없으면 이 속에 이르러서는 모두가 반드시 망연(茫然)해진다.'라고 하셨느니라."

승려가 말하였다.

"이러한 격외(格外)의 일 말고 다시 학인들을 깨닫게 하는 방편이 없습니까?"

대사가 말하였다.

"따로 있건 없건 그대의 마음을 불안하게 할 뿐이니라. 그대는 어디 사람인가?"

"유주(幽州) 사람입니다."

"그대는 아직도 거기를 생각하는가?"

師曰。此意極難。若是祖宗門下上根上智。一聞千悟得大總持。此根人難得。其有根微智劣。所以古德道。若不安禪靜慮到遮裏總須茫然。僧曰。除此格外還別有方便令學人得入也無。師曰。別有別無令汝心不安。汝是什麼處人。曰幽州人。師曰。汝還思彼處否。

승려가 말하였다.

"항상 생각합니다."

대사가 말하였다.

"거기에는 누각·건물·숲·동산·사람·말 따위가 들끓는데, 그대가 돌이켜 생각하는 것이 여전히 이처럼 많은가?"

"제가 이 속에 이르러서는 일체를 보지 않습니다."

"그대는 아직 경계에서 알고 있다. 신위(信位)에서라면 옳지만 인위(人位)에서라면 옳지 않다. 그대가 안 바를 들면 단지 하나의 현묘함만을 얻었다. 자리에 앉아 옷을 걸쳐 입으면 뒷날에는 스스로가 알게 되리라."

그 승려가 절을 하고 물러갔다.

대사는 처음에 앙산에 있다가 관음원으로 옮긴 뒤에 중생을 교화하는데 선종의 지표가 되었다. 임종하기 몇 해 전에 게송을 지었다.

曰常思。師曰。彼處樓臺林苑人馬騈闐。汝返思底還有許多般也無。僧曰。某甲到遮裏一切不見有。師曰。汝解猶在境。信位即是。人位即不是。據汝所解只得一玄。得座披衣向後自看。其僧禮謝而去。師始自仰山後遷觀音。接機利物為禪宗標準。遷化前數年有偈曰。

나이 일흔 일곱이 되니
늙어서 가는 것이 오늘이다
성품에 맡겨 오르락내리락 함이여
두 손을 구부려 두 무릎을 잡는다

소주(韶州) 동평산(東平山)에서 입적하니, 나이는 77세였으며, 무릎을 껴안고 임종하였다.

시호는 지통 대사(智通大師)이고 탑호는 묘광(妙光)이라 하였으며, 나중에 앙산으로 탑을 옮겼다.

年滿七十七
老去是今日
任性自浮沉
兩手攀屈膝

於韶州東平山示滅。年七十七。抱膝而逝。勅謚智通大師妙光之塔。後遷塔於仰山。

토끼뿔

ᔕ 대사가 지팡이 하나를 짚고 다니니, 어떤 선승이 묻기를 "어디서 얻으셨습니까?" 하자, 대사가 등 뒤에다 숨겼는데

물음에 보임이라 하겠는가? 답이라 하겠는가? 반문이라 하겠는가?

ᔕ "어떤 것이 선상인가? 가리켜 봐라." 했을 때

엄지끝과 검지끝을 서로 댄 구멍에 눈을 대고 보면서 "어떻소?" 하고 박장대소를 했어야 했다.

ᔕ 대사가 경을 덮고 묻기를 "알겠는가?" 했을 때

방바닥에 보름달을 그리고 복판에다 종횡으로 획을 그었어야 했다.

"험."

등주(鄧州) 향엄(香嚴) 지한(智閑) 선사

지한 선사는 청주(青州) 사람으로 속세를 싫어하여 부모를 하직하고 사방으로 다니면서 도를 흠모하다가 위산의 선회(禪會)에 의지하였다.

위산 화상은 그가 법기임을 알고 지혜의 광명을 일깨워 주기 위하여 어느 날 이렇게 말하였다.

"나는 그대가 평생 배워서 안 견해와 경전이나 책에서 기억해 가진 것을 묻지 않는다. 그대가 아직 태에서 나오기 전과 동서를 분간하기 전의 본분의 일구(一句)를 시험삼아 이르면 내가 그대에게 수기하겠다."

대사가 어리둥절하여 대답을 못하다가 오랜 생각 끝에 몇 마디의 견해를 말했으나, 위산이 모두 허락하지 않으니 대사가 말하였다.

"청컨대 화상께서 말씀해 주십시오."

위산이 말하였다.

鄧州香嚴智閑禪師。青州人也。厭俗辭親觀方慕道。依潙山禪會。祐和尚知其法器。欲激發智光。一日謂之曰。吾不問汝平生學解及經卷冊子上記得者。汝未出胞胎未辨東西時本分事試道一句來。吾要記汝。師懵然無對。沉吟久之。進數語陳其所解。祐皆不許。師曰。却請和尚為說。祐曰。

"내가 말하는 것은 나의 견해일 뿐이니 그대의 안목에 무슨 도움이 되랴."

대사가 이내 방으로 돌아가서 수집해 놓은 제방의 어구들을 뒤져 보았으나 대꾸할 만한 것이 한마디도 없었다.

이에 대사는 탄식하였다.

"그림의 떡으로는 시장기를 면할 수 없구나."

그리고는 모두 태워버리면서 말하였다.

"금생에 불법을 배우지 못할 바에는 오랫동안 행각하는 죽반승(粥飯僧)[16]이나 되어 마음의 괴로움이나 면하리라."

그리고는 위산을 울면서 하직하고 남양(南陽)에 이르러서 충 국사(忠國師)의 유적지를 보고 거기에 머물렀다.

어느 날 산에서 잡초를 베다가 기왓쪽을 던진 것이 대에 부딪쳐 소리가 나는 찰나에 자기도 모르게 미소를 터뜨리면서 확연히 깨달았다.

吾說得是吾之見解。於汝眼目何有益乎。師遂歸堂。遍檢所集諸方語句無一言可將酬對。乃自歎曰。畫餅不可充飢。於是盡焚之曰。此生不學佛法也。且作箇長行粥飯僧免役心神。遂泣辭潙山而去。抵南陽覩忠國師遺迹遂憩止焉。一日因山中芟除草木。以瓦礫擊竹作聲。俄失笑間廓然省悟。

16) 죽반승(粥飯僧) : 오직 밥만 먹고 부지런히 수행하지 않는 승려.

바로 돌아와서 목욕하고 향을 피우면서 멀리 위산을 향해 절을 하며 찬탄하였다.

"화상의 대비하신 은혜는 부모의 은혜보다 높습니다. 그 당시에 만일 저에게 설명하셨더라면 어찌 오늘의 일이 있었겠습니까?"

그리고는 게송 하나를 지었다.

한 번 부딪치는 소리에 알았다는 것까지 잊으니
다시는 닦고 다스리지 않게 됐네
움직이거나 조용할 때나 옛 길을 드날려서
초연기(悄然機)[17]에 떨어지지 않네[18]

遽歸沐浴焚香遙禮溈山。贊曰。和尚大悲恩踰父母。當時若為我說却。何有今日事也。仍述一偈云。

一擊忘所知
更不假修治
動容揚古路
不墮悄然機

(動容揚古路不墮悄然機。此句舊本並福邵本並無。今以通明集為據)。

---

17) 초연기(悄然機) : 소승 경지.

18) 동용양고로 불타초연기(動容揚古路不墮悄然機). 이 구절은 구본(舊本)에는 있고 소본(邵本)에는 없다. 지금은 통명집(通明集)을 근거로 한다. (원주)

곳곳에 자취도 없어서
소리나 색 밖의 위의(威儀)로다
제방의 도를 통달한 이들도
모두가 상상기(上上機)라 하리

대사가 법상에 올라 말하였다.

"도는 깨달아야 하는 것이지 말에 있지 않다. 항차 밀밀(密密)하고 당당(堂堂)하여 간격도 없어 마음과 뜻에 애씀이 없으니, 빛을 돌이키면 날마다 씀이 온전한 공용(功用)[19]인데 미혹한 무리가 스스로 등질 뿐이다."

어떤 승려가 물었다.

"어떤 것이 향엄의 경지입니까?"

"꽃도 나무도 살지 못한다."

處處無踪迹
聲色外威儀
諸方達道者
咸言上上機

師上堂云。道由悟達不在語言。況見密密堂堂。曾無間隔不勞心意。暫借回光日用全功。迷徒自背。問如何是香嚴境。師曰。花木不滋。

---

19) 공용(功用) : 몸 · 입 · 뜻의 동작. 씀이 없이 써야 진정한 공용이다.

어떤 승려가 물었다.
"어떤 것이 선타바(仙陀婆)[20]입니까?"
대사가 선상(禪床)을 치면서 말하였다.
"이 속이라 해도 틀렸다."

어떤 승려가 물었다.
"어떤 것이 현재에 배울 것입니까?"
대사가 부채를 빙빙 돌려 보이면서 말하였다.
"보았는가?"
승려가 대답이 없었다.

어떤 승려가 물었다.
"어떤 것이 정명의 밥〔正命食〕[21]입니까?"
대사가 손으로 긁어모아 보였다.

問如何是仙陀婆。師敲禪床曰。過這裏來。問如何是現在學。師以扇子旋轉示曰。見麼。僧無語。問如何是正命食。師以手撮而示之。

---

20) 선타바(仙陀婆) : 소금, 그릇, 물, 말(馬)의 네 가지 의미를 갖는 말. 『열반경』의 일화에 어떤 왕이 선타바를 명하면 오직 한 대신만이 왕이 요구하는 물건을 상황에 맞게 잘 판단하여 준비했다고 한다. 이처럼 지혜로운 이를 비유할 때 쓰인다.
21) 정명식(正命食) : 원문의 정명식(正命食)은 출가한 사람이 항상 걸식을 하여 자기의 색신(色身)을 돕는 것이다. 청정하게 생명을 유지하기 위한 것이기에 정명식이라 이름한다.

어떤 승려가 물었다.

"어떤 것이 무표계(無表戒)[22]입니까?"

"그대가 속인이 된 뒤에 말해 주리라."

어떤 승려가 물었다.

"어떤 것이 소리와 색 밖에서 서로 보여 주는 일구(一句)입니까?"

"내가 향엄에 있기 전에는 어디에 있었다 하겠는가?"

"그럴 때에는 감히 있는 곳이 있다고도 할 수 없습니다."

"마치 환인(幻人)의 마음과 마음 씀〔心所法〕 같으니라."

어떤 승려가 물었다.

"모든 성인들을 사모할 것도 없고 자기의 신령함을 소중히 할 것도 없을 때에는 어떠합니까?"

대사가 말하였다.

"만 가지 기틀을 쉬어서 천 성현도 끌지 못하니라."

問如何是無表戒。師曰。待闍梨作俗即說。問如何是聲色外相見一句。師曰。如某甲未住香嚴時道在什麼處。僧曰。恁麼時亦不敢道有所在。師曰。如幻人心心所法。僧問。不慕諸聖不重己靈時如何。師曰。萬機休罷千聖不携。

22) 무표계(無表戒) : 저절로 계가 지켜지는 상태.

이때에 소산(疎山)이 대중 가운데 있다가 구역질 소리를 내면서 말하였다.

"그 무슨 말입니까?"

대사가 물었다.

"누구냐?"

대중이 모두 대답하였다.

"사숙(師叔)이십니다."

대사가 말하였다.

"나를 긍정하지 않는가?"

소산이 나서면서 말하였다.

"그렇소."

"그대가 말할 수 있는가, 없는가?"

"말할 수 있습니다."

"말해 봐라."

"저더러 말해 보라고 하시려면 반드시 스승과 제자의 예를 갖추어야 되겠습니다."

此時疎山在衆作嘔聲曰。是何言歟。師問。阿誰。衆曰。師叔。師曰。不諾老僧耶。疎山出曰。是。師曰。汝莫道得麼。曰道得。師曰。汝試道看。曰若教某甲道須還師資禮始得。

대사가 자리에서 내려와 절을 하고 다가가서 앞의 말을 물으니, 소산이 말하였다.

"어째서 긍정하면 온전치 못하다고 하지 않습니까?"

"설사 그대가 그렇게 말하더라도 반드시 30년 동안 거꾸로 똥을 쌀 것이고, 설사 산에 머물러 있어도 땔나무가 없을 것이며, 물 가까이 있어도 먹을 물이 없으리니 분명히 기억해 두어라."

나중에 소산에 살았는데 과연 대사의 예언과 같았다. 27년이 지나 겨우 병이 나으니 혼잣말로 말하였다.

"향엄 사형께서 나에게 예언하기를 30년 동안 거꾸로 똥을 싼다 하였는데 아직 3년이 남았다."

그는 늘 밥을 먹고는 손으로 긁어서 토하여 앞의 예언에 맞추었다.[23)]

師乃下座禮拜躡前語問之。疎山曰。何不道肯重不得全。師曰。饒汝恁麼也須三十年倒屙。設住山無柴燒。近水無水喫。分明記取。後住疎山。果如師記。至二十七年病愈。自云。香嚴師兄記我。三十年倒屙。今少三年在。每至食畢以手抉而吐之。以應前記(疎山後問道怤長老。肯重不得全。汝作麼生會。怤曰。全歸肯重。疎山云。不得全又作麼生。怤云。箇中無肯路疎山曰。始愜病僧意)。

---

23) 소산(踈山)이 나중에 도부(道怤) 장로에게 "긍정하면 온전치 못하다는 말을 그대는 어찌 생각하는가?" 하고 물으니, 도부가 대답하기를 "온전하면 긍정으로 돌아갑니다." 하였다. 소산이 다시 묻기를 "온전하지 못하면 또 어떠한가?" 하니, 도부가 말하기를 "그 가운데에는 긍정할 길도 없습니다." 하였다. 이에 소산이 말하기를 "비로소 나의 뜻에 맞는다." 하였다. (원주)

어떤 승려가 물었다.

“어떤 것이 음성 이전의 구절입니까?”

대사가 말하였다.

“대덕이 묻기 전에 이미 대답했다.”

“즉시(卽時)에는 어떠합니까?”

“즉시에 묻는구나.”

어떤 승려가 물었다.

“어떤 것이 부처님께서 인가하신 근원에서 바로 끊는 것입니까?”

대사가 주장자를 던지고 손을 털면서 떠나버렸다.

어떤 승려가 물었다.

“어떤 것이 불법의 대의입니까?”

“금년에는 서리가 일찍 와서 모밀을 전혀 거두지 못한다.”

問如何是聲前句。師曰。大德未問時即答。僧曰。即時如何。師曰。即時問也。問如何是直截根源佛所印。師拋下拄杖撒手而去。問如何是佛法大意。師曰。今年霜降早蕎麥總不收。

어떤 승려가 물었다.

"어떤 것이 서쪽에서 오신 뜻입니까?"

대사가 손을 품에 넣었다가 주먹을 꺼내 펴면서 주는 시늉을 하니, 그 승려가 꿇어앉아 받는 시늉을 하였다.

이에 대사가 물었다.

"이것이 무엇인가?"

승려가 대답이 없었다.

어떤 승려가 물었다.

"어떤 것이 도입니까?"

대사가 말하였다.

"고목 속의 용울음이니라."

"학인이 잘 모르겠습니다."

"해골 속의 눈동자이니라."[24]

問如何是西來意。師以手入懷出拳展開與之。僧乃跪膝以兩手作受勢。師曰。是什麼。僧無對。問如何是道。師曰。枯木龍吟。僧曰。學人不會。師曰。髑髏裏眼睛(玄沙別云。龍藏枯木)。

---

24) 현사(玄沙)가 따로 말하기를 "용이 고목 속에 숨어 있구나." 하였다. (원주)

어떤 승려가 물었다.
"사구를 여의고 백비가 끊어진 경지를 화상께서 말씀해 주십시오."
대사가 말하였다.
"사냥꾼 앞에서는 본사의 계율을 말하지 않는다."

어느 날 대중에게 말하였다.
"어떤 사람이 천 길 벼랑에서 입으로 나뭇가지를 물고, 발로는 디딘 것이 없으며 손으로도 잡은 것이 없는데, 홀연히 어떤 사람이 와서 서쪽에서 오신 뜻을 물었다고 하자. 만일 입을 열어 대답하면 몸과 목숨을 잃고, 만일 대답하지 않으면 묻는 이의 뜻을 어기는 것이니, 바로 이럴 때에 어찌해야 하겠는가?"
이때에 초(招) 상좌라는 이가 나서서 말하였다.
"나무에 올랐을 때는 묻지 않겠습니다. 나무에 오르기 전에는 어떠합니까?"
대사가 웃기만 하였다.

問離四句絕百非。請和尚道。師曰。獵師前不得說本師戒。一日謂眾曰。如人在千尺懸崖。口銜樹枝。脚無所蹋。手無所攀。忽有人問如何是西來意。若開口答即喪身失命。若不答又違他所問。當恁麼時作麼生。時有招上座出曰。上樹時即不問。未上樹時如何。師笑而已。

대사가 어떤 승려에게 물었다.

"어디서 왔는가?"

"위산에서 왔습니다."

"화상께서 요사이 어떤 말씀을 하시던가?"

"어떤 사람이 와서 서쪽에서 오신 뜻을 물으면 화상께서는 불자를 세우셨습니다."

대사가 그 말을 듣고 말하였다.

"그곳의 형제들은 화상의 뜻을 어떻게 생각하던가?"

"그들이 사량해보고 말하기를 색에 의해서 마음을 밝히고 물건에 의해서 이치를 드러낸다고 합니다."

"알면 곧 아는 것이지, 모르면서 왜 그리 조급한가?"

승려가 도리어 물었다.

"스님의 뜻은 어떠하십니까?"

대사가 다시 불자를 들었다.[25)]

師問僧。什麼處來。僧曰。溈山來。師曰。和尚近日有何言句。僧曰。人問如何是西來意。和尚竪起拂子。師聞擧乃曰。彼中兄弟作麼會和尚意旨。僧曰。彼中商量道。即色明心附物顯理。師曰。會即便會。不會著什麼死急。僧却問。師意如何。師還擧拂子(玄沙云。只遮香嚴脚跟猶未點地。雲居錫云。什麼處是香嚴脚跟未點地處)。

25) 현사(玄沙)가 말하기를 "다만 저 향엄의 발꿈치가 땅에 닿지 않았을 뿐이다." 하였다. 운거석(雲居錫)이 말하기를 "어느 곳이 향엄의 발꿈치가 닿지 않는 곳인가?" 하였다. (원주)

대사가 학인들에게 보이는 말은 모두가 간결하였고, 게송이 2백여 수가 있는데 인연을 따르고 기틀을 대하여 음율에 구애되지 않으니, 제방에 널리 알려졌다. 시호는 습등 대사(襲燈大師)라 하였다.

師凡示學徒語多簡直。有偈頌二百餘首。隨緣對機不拘聲律。諸方盛行。後謚襲燈大師。

토끼뿔

ⓒ 어떤 것이 모든 성인들을 사모할 것도 없는 것인가?

석굴암 석상이니라.

어떤 것이 자기의 신령함을 소중히 할 것도 없는 것인가?

그믐 밤 남산 전망탑이니라.

ⓒ 천길 절벽 끝에 사지를 꽁꽁 묶인 채 입으로 나뭇잎 하나를 물고 있는데, 조사가 서쪽에서 오신 뜻을 물으니, 매달린 이가 눈을 치뜬 다음 코를 씩씩 두 번 불었다면, 향엄은 어찌했겠는가? 말해 봐라.

양주(襄洲) 연경산(延慶山) 법단(法端) 대사

법단 대사에게 어떤 사람이 물었다.

"지렁이를 두 토막 내면 두 토막이 모두 움직이는데, 불성이 어느 쪽에 있습니까?"

대사가 두 손을 펴보였다.[26)]

대사가 입적한 뒤에 시호는 소진 대사(紹眞大師)라 하였고, 탑은 명금(明金)이라 하였다.

襄州延慶山法端大師。有人問。蚯蚓斬為兩段兩頭俱動。佛性在阿那頭。師展兩手(洞山別云。問底在阿那頭)。師滅後勅謚紹真大師。塔曰明金。

---

26) 동산(洞山)이 따로 말하기를 "묻는 이는 어느 쪽에 있다고 여기는가?" 하였다. (원주)

토끼뿔

"지렁이를 두 토막 내면 두 토막이 모두 움직이는데, 불성이 어느 쪽에 있습니까?" 했을 때

대원은 "쪽." 하리라.

항주(杭洲) 경산(徑山) 홍인(洪諲) 선사

홍인 선사는 오흥 사람으로 성은 오(吳)씨이다. 나이 열아홉 살에 개원사(開元寺)의 무상(無上) 대사에게 예를 올리고 머리를 깎았다.[27)]

스물두 살에 숭악(嵩嶽)에 가서 구족계를 받고 돌아와서 스승에게 절하니, 무상 대사가 물었다.

"그대는 하루 종일 무엇으로써 네 가지 은혜[28)]에 보답하겠는가?"

홍인이 대답을 못하고 3일 동안 먹는 것도 잊고 생각하다가 하직하고 행각을 나섰다. 운암(雲巖)에게 가서 뵈었으나 기틀의 인연이 맞지 않더니, 나중에 위산에 가서 막혔던 것이 단박에 풀렸다.

杭州徑山洪諲禪師。吳興人也。姓吳氏。年十九禮開元寺無上大師落髮(無上大師嗣鹽官。後住徑山為第二世也)。二十二往嵩嶽受滿足律儀。歸禮本師。師問曰。汝於時中將何報四恩耶。諲不能對。三日忘食。乃辭行脚。往謁雲巖機緣未契。後造潙山蒙滯頓除。

---

27) 무상 대사는 염관의 법제자이다. 후에 경산의 제2세 주지가 되었다. (원주)
28) 네 가지 은혜 : 부처님 · 부모 · 시주 · 국왕의 은혜.

당나라 회창사태(會昌沙汰)[29]를 만나 대중이 모두 슬퍼하니 홍인이 말하였다.

"대장부가 이런 액난을 만나는 것이 어찌 천명이 아니랴. 어찌 계집아이들처럼 그러는고?"

대중(大中) 초에 사문의 모습을 회복하고 고향의 서봉원(西峯院)으로 돌아왔다. 함통(咸通) 6년에 경산으로 올라왔는데 이듬해에 무상 대사가 입적하니, 대중이 뒤를 이어 달라 청하여 경산의 제3세 주지가 되었으나 법으로는 위산의 제자였다.

어떤 승려가 물었다.

"숨이 끊어져 재와 같이 될 때가 어떠합니까?"

대사가 말하였다.

"오히려 요새 사람들의 솜씨가 뛰어나다."

"솜씨가 뛰어난 뒤에는 어떠합니까?"

遭唐會昌沙汰衆皆悲惋。諲曰。大丈夫鍾此厄會豈非命也。何乃效兒女子乎。大中初復沙門相還故鄉西峯院。咸通六年上徑山。明年本師遷神。衆請繼躅為徑山第三世。於法即溈山之嗣。僧問。掩息如灰時如何。師曰。猶是時人功幹。僧曰。幹後如何。

29) 회창사태(會昌沙汰) : 회창은 당 무종의 재위 기간 동안 사용된 연호(841~846)로, 이 기간에 사찰 4만 여 곳이 파괴되고 승려 26만 여명이 환속되는 등 불교에 대한 탄압이 이루어졌다. 회창폐불(會昌廢佛)이라고도 한다.

대사가 말하였다.
"밭을 가는 사람이 심지 않으랴."
"끝내 어떠합니까?"
"벼가 익었는데 현장에 없으랴."

어떤 승려가 물었다.
"용문(龍門)에서 바람과 우레의 힘을 빌리지 않고 바로 뚫어 얻은 이는 어떠합니까?"
"오히려 이것은 일품이니 이품이니 하는 것이다."
"그것이 계급이라면 구경의 일은 어떠합니까?"
"나는 너의 용문이라는 것을 모르겠다."

어떤 승려가 물었다.
"눈 같고 서리 같을 때에는 어떠합니까?"
"역시 오염된 것이다."
"오염되지 않았을 때에는 어떠합니까?"
"색과 같지 않다."

師曰。耕人田不種。僧曰。畢竟如何。師曰。禾熟不臨場。僧問。龍門不假風雷勢便透得者如何。師曰。猶是一品二品。僧曰。此既是階級。向上事如何。師曰。吾不知有汝龍門。僧問。如霜如雪時如何。師曰。猶是污染。曰不污染時如何。師曰。不同色。

허주(許州)의 전명(全明) 상좌가 먼저 석상(石霜)에게 물었다.
"한 터럭에다 여러 구멍을 뚫을 때는 어떠합니까?"
석상이 말하였다.
"모름지기 만 년을 지내야 하리라."
"만 년 뒤에는 어떠합니까?"
"과거를 보려면 그대 마음대로 과거를 보고, 장원을 하려면 그대 마음대로 장원을 하라."
나중에 대사에게 와서 또 물었다.
"한 터럭에다 여러 구멍을 뚫을 때는 어떠합니까?"
대사가 말하였다.
"광채를 내려면 마음대로 광채를 내고, 결과를 맺으려면 마음대로 결과를 맺어라."

어떤 승려가 물었다.
"어떤 것이 긴 것입니까?"
"천 성인도 헤아리지 못하느니라."

許州全明上座先問石霜。一毫穿衆穴時如何。石霜云。直須萬年後。曰萬年後如何。石霜云。登科任汝登科。拔萃任汝拔萃。後問師云。一毫穿衆穴時如何。師曰。光靴任汝光靴。結果任汝結果。僧問。如何是長。師曰。千聖不能量。

"어떤 것이 짧은 것입니까?"

대사가 말하였다.

"초명(蟭螟)의 눈에도 차지 않는 것이니라."

그 승려가 수긍치 않고 떠나 석상에게 가서 이야기하니, 석상이 말하였다.

"실제로 너무 가까울 뿐이다."

그 승려가 물었다.

"어떤 것이 긴 것입니까?"

석상이 말하였다.

"구부러지지 않은 것이니라."

"어떤 것이 짧은 것입니까?"

"주사위놀이를 하는데 갈채(喝彩)[30]를 하지 않는다."

불일(佛日) 장로가 대사를 방문하니 대사가 물었다.

曰如何是短。師曰。蟭螟眼裏著不滿。其僧不肯便去舉似石霜。石霜云。只為太近實頭。僧問。如何是長。石霜云。不屈曲。曰如何是短。石霜曰。雙陸盤中不喝彩。佛日長老訪師。師問曰。

30) 갈채(喝彩) : 주사위 던지기 도박을 할 때 나오기를 원하는 주사위의 점의 갯수를 크게 외치는 것을 말한다. 채(彩)는 주사위에 그려진 점을 가리킨다.

"듣건대 장로께서 혼자서 한 지방을 교화 하신다는데, 어떻게 이 높은 봉우리에 왕림하셨습니까?"

불일이 말하였다.

"밝은 달이 허공에 걸렸는데 얼음과 서리가 스스로 찬 것이 아닙니다."

대사가 말하였다.

"그것은 장로의 가풍이 아니겠습니까?"

"높고 높은 만중관(萬重關)은 그 속에 보배달을 머금었습니다."

"그것은 여전히 글과 말이니, 어떤 것이 장로의 가풍입니까?"

"오늘 다행히도 불일을 만나셨습니다."

불일 장로가 도리어 대사에게 물었다.

"사람들이 은밀하고 온전히 참되면 도가 있는지 모른다고도 하고, 크게 깨달아 허물이 없을때 도가 있음을 알 수 있다고도 하여 두 가지로 말하는데, 화상께서 친히 도에서 말씀하신다면 어떻게 말씀하시겠습니까?"

伏承長老獨化一方。何以遷遊峰頂。佛日曰。朗月當空掛冰霜不自寒。師曰。莫即是長老家風否。佛日曰。峭峙萬重關。於中含寶月。師曰。此猶是文言。作麼生是長老家風。曰今日賴遇佛日。佛日却問師云。隱密全真時人知有道不得。大省無辜時人知有道得。於此二途猶是時人升降處。未審長老親道自道如何道。

대사가 말하였다.

“나의 도에는 도라 할 것도 없습니다.”

불일이 말하였다.

“여래의 길 위에는 삿되고 굽은 바가 없으니, 현묘한 소리로 한 바탕 화답해 주십시오.”

“해와 달이 서로 비추고 푸른 못 구름 밖이라, 상관할 것이 없습니다.”

“머리가 흰 무한한 무리에 알리니, 올해는 젊은이가 고향에 돌아왔다고 마십시오.”

대사가 말하였다.

“늙고 젊음이 같아서 향하고 등짐이 없으니, 우리 집안의 현묘한 길에는 차별〔參差〕[31)]이 없다오.”

“한 마디로 천하를 안정시키는 네 구절은 누구를 위해 있습니까?”

師曰。我家道處無箇道。佛日曰。如來路上無私曲。便請玄音和一場。師曰。任汝二輪更互照。碧潭雲外不相關。佛日曰。為報白頭無限衆。此回年少莫歸鄉。師曰。老少同輪無向背。我家玄路勿參差。佛日曰。一言定天下四句為誰留。

31) 참차(參差) : 원문의 참차(參差)는 차별이라는 뜻이다. 길고 짧음, 높고 낮음이 일치하지 않는 모습.

대사가 말하였다.

“그대는 말하기를 셋이다 넷이다 하지만, 나는 그 가운데 하나랄 것도 없다오.”

대사는 이어 게송을 보였다.

동이다 서다 서로 돌아볼 것도 없거늘
남북이 어찌 있으랴
그대는 셋 넷을 말하나
나에게는 하나랄 것도 없다

광화(光化) 4년 9월 28일에 대중에게 고하고 임종하였다.

師曰。汝言有三四。我道其中一也無。

師因有偈曰。

東西不相顧
南北與誰留
汝即言三四
我即一也無

光化四年九月二十八日白眾而化。

ꩰ "그것이 계급이라면 구경의 일은 어떠합니까?" 했을 때

대원은 "그르침 없이 전하라." 하리라.

ꩰ "오염되지 않았을 때에는 어떠합니까?" 하니 "색과 같지 않다." 했을 때

대원은 "해당화는 여름의 꽃이고 코스모스는 가을꽃이니라." 하리라.

ꩰ "나의 도에는 도라 할 것도 없습니다." 했을 때

대원은 "언제 그렇지 않더냐." 하리라.

복주(福州) 영운(靈雲) 지근(志勤) 선사

지근 선사는 장계(長溪) 사람으로 처음에 위산에 있다가 복사꽃을 보고 도를 깨닫고 게송을 지었다.

30년 동안 검을 찾던 객으로
몇 차례 잎이 지고, 순이 돋았던가
복사꽃을 한 차례 보고 난 뒤엔
지금에 이르기까지 다시 의심치 않네

福州靈雲志勤禪師。長溪人也。初在潙山因桃華悟道。有偈曰。
三十年來尋劍客
幾回[32]落葉幾抽枝
自從一見桃華後
直至如今更不疑

---

32) 回가 송, 원나라본에는 逢으로 되어 있다.

위산(潙山, 영우)이 이 게송을 보고 깨달은 바를 물어 서로가 계합하였다. 위산이 말하였다.

"인연에 의해 깨달은 것을 길이 잊지 말고 잘 보호해 가져라."[33)]

그 길로 민천으로 돌아가니 현묘함을 찾는 무리가 모여들었다.

법상에 올라 대중에게 말하였다.

"여러분, 온갖 길고 짧은 것은 모두가 무상으로 돌아가니, 사계절의 초목이 잎 지고 꽃피는 것만 보아도 그렇거늘 하물며 티끌 같이 많은 겁에 하늘과 인간 따위 일곱 갈래에서 땅·물·불·바람으로 이루어졌다 무너졌다 하면서 윤회하는 일이겠는가?

祐師覽偈詰其所悟與之符契。祐曰。從緣悟達永無退失。善自護持(有僧舉似玄沙。玄沙云。諦當甚諦當。敢保老兄猶未徹在。衆疑此語。玄沙問地藏。我恁麼道汝作麼生會。地藏云。不是桂琛。即走殺天下人)。乃返閩川。玄徒臻集。上堂謂衆曰。諸仁者。所有長短盡至不常。且觀四時草木葉落花開。何況塵劫來天人七趣。地水火風成壞輪轉。

---

33) 어떤 승려가 현사(玄沙)에게 이야기하니 현사가 말하기를 "지당하고 심히 지당하나 감히 말하는데 노형(영운)이 아직 끝까지 알지는 못했다." 하니, 대중이 이 말을 의심하였다. 현사가 지장(地藏)에게 묻기를 "내가 그렇게 말한 것을 그대는 어떻게 생각하는가?" 하니, 지장이 말하기를 "계침(桂琛)이 아니었더라면 천하 사람들을 분주하게 했을 것이다." 하였다. (원주)

인과가 곧 다하면 삼악도의 고통이 털끝만큼도 더하거나 덜하지도 않고 오직 근본〔根蔕〕에 신령한 앎만이 항상 있다.

상근기는 어진 벗의 깨우침을 받으면 당장에 해탈하니 그대로가 도량이지만, 중하근기는 어리석어 깨달아 비추지 못하고 삼계에 빠져 매해서 생사의 길을 헤매느니라.

석존께서 하늘과 인간을 위해 교법을 베풀어 가르쳐서 지혜의 도를 증명하고 드러내셨는데 그대들은 알겠는가?"

이때에 어떤 승려가 물었다.

"어찌하여야 생·노·병·사를 벗어나겠습니까?"

대사가 말하였다.

"청산은 원래 움직임이 없는데 뜬 구름이 떠서 오락가락한다."

어떤 승려가 물었다.

"군왕이 싸움터에 나갈 때가 어떠합니까?"

因果將盡三惡道苦毛髮不添減。唯根蔕神識常存。上根者遇善友申明。當處解脫便是道場。中下癡愚不能覺照。沉迷三界流轉生死。釋尊為伊天上人間設教證明顯發智道。汝等還會麼。時有僧問。如何得出離生老病死。師曰。青山元不動。浮雲飛去來。僧問君王出陣時如何。

대사가 말하였다.

“춘명문(春明門)[34] 밖에서 장안(長安)을 묻지 마라.”

어떤 승려가 물었다.

“어찌하여야 천자를 뵙겠습니까?”

대사가 말하였다.

“눈먼 학이 맑은 못에 앉으니 고기가 발 밑을 스쳐간다.”

어떤 승려가 물었다.

“어떤 것이 불법의 대의입니까?”

대사가 말하였다.

“나귀의 일이 끝나기 전에 말〔馬〕의 일이 이르렀다.”

그 승려가 뜻을 알지 못하고 다시 물었다.

“청컨대 다시 일러주십시오.”

“채색 기운은 밤에도 항상 움직이나 정령은 낮에도 만나기 어렵다.”

師曰。春明門外不問長安。僧曰。如何得覲天子。師曰。盲鶴下清池。魚從脚底過。僧問。如何是佛法大意。師曰。驢事未了馬事到來。僧未喻旨曰。再請垂示。師曰。彩氣夜常動。精靈日少逢。

34) 춘명문(春明門) : 당대 장안의 동편에 있었던 세 문 중 가운데 문.

설봉(雪峰)이 게송을 지어 쌍봉(雙峰)이 산에서 나올 때에 보냈는데, 끝 구절에 "우레가 그쳐도 소리는 멈추지 않는다."라고 하니, 대사가 이를 고쳐 "우레가 울려도 소리가 들리지 않는다."라고 하였다.

설봉이 이 소식을 듣고 말하였다.

"영운산(靈雲山) 마루에 옛 달이 솟았구나."

설봉이 물었다.

"옛 사람이 앞도 삼삼(三三), 뒤도 삼삼(三三)이라 한 뜻이 무엇인가?"

대사가 말하였다.

"물속의 고기요, 산 위의 새입니다."

"그 뜻이 무엇인가?"

"높은 것은 쏘고, 깊은 것은 낚습니다."

雪峰有偈。送雙峰出嶺。末句云。雷罷不停聲。師更之云。雷震不聞聲。雪峰聞之乃曰。靈雲山頭古月現。雪峰問云。古人道前三三後三三。意旨如何。師曰。水中魚山上鳥。峰曰。意旨作麼生。師曰。高可射兮深可釣。

어떤 승려가 물었다.

“제방에서 모두가 잡식(雜食)을 한다는데 화상께서는 어떠하십니까?”

“오직 민중(閩中)은 뛰어난 것이 있어 위세 등등하게 해안을 진압한다.”

어떤 승려가 물었다.

“오랫동안 전쟁터에만 다니는 이가 어찌하여 공명은 취하지 않습니까?”

“군왕이 도가 있으면 세 변방〔三邊〕[35]이 조용하거늘 무엇 하러 만 리에 긴 성을 쌓겠는가?”

“무기를 던지고 팔짱을 끼고 조정에 돌아왔을 때는 어떠합니까?”

“단비가 끝없는 세계를 적시나 마른 나무에는 꽃이 없으니 어찌하랴.”

僧問諸方悉皆雜食。未審和尚如何。師曰。獨有閩中異雄雄鎮海涯。問久戰沙場。為什麼功名不就。師曰。君王有道三邊靜。何勞萬里築長城。曰罷息干戈束手歸朝時如何。師曰。慈雲普潤無邊剎。枯樹無花爭奈何。

---

35) 세 변방〔三邊〕: 세 변방〔三邊〕은 대부분 변경(邊境)을 가리킨다. 중국의 동쪽은 바다이므로 서남북 세 변경만 지킨다. 여기서는 법신, 보신, 화신의 태평의 경지를 말한다..

장생이 물었다.

“혼돈하여 천지가 나뉘기 전에는 중생이 어디서 왔습니까?”

대사가 말하였다.

“돌기둥이 아기를 배는 것과 같다.”

“천지가 나뉜 뒤에는 어떠합니까?”

“조각 구름이 맑은 하늘을 가리는 것과 같다.”

“맑은 하늘에도 티가 묻습니까?”

“그러면 중생이 오지 않았다.”

장생이 물었다.

“순수하고 맑아서 티가 끊겼을 때는 어떠합니까?”

대사가 말하였다.

“오히려 참되고 항상함이라 해도 중생이니라.”

“어찌해서 참되고 항상함이라 해도 중생인 것입니까?”

“거울이 항상 밝은 것 같다.”

長生問混沌未分時含生何來。師曰。如露柱懷兒(宋作胎)[36]。曰分後如何。師曰。如片雲點太清。曰未審太清還受點也無。師曰。恁麼即含生不來也。曰直得純清絕點時如何。師曰。猶是真常流注。曰如何是真常流注。師曰。如鏡長明。

36) 송나라본에는 胎로 되어 있다. (원주)

"구경(究竟)에도 일이 있습니까?"
"있다."
"어떤 것이 구경의 일입니까?"
"거울을 부숴버리고 와서 서로 보자."

어떤 승려가 물었다.
"어떤 것이 서쪽에서 오신 뜻입니까?"
대사가 말하였다.
"우물 속에다 사과나무를 심는다."
"학인은 잘 모르겠습니다."
"금년에는 복숭아와 자두가 귀해서 한 개에 천 냥이다."

어떤 승려가 물었다.
"마니구슬이 뭇 빛을 따르지 않을 때에는 어떤 빛입니까?"
대사가 말하였다.
"흰 빛이다."
"그러면 뭇 빛을 따르겠습니다."

曰向上更有事否。師曰。有。曰如何是向上事。師曰。打破鏡來相見。問如何是西來意。師曰。井底種林檎。曰學人不會。師曰。今年桃李貴。一顆直千金。問摩尼珠不隨衆色。未審作什麼色。師曰。白色。曰恁麼即隨衆色也。

대사가 말하였다.

"조(趙)의 구슬이 본래 티가 없거늘, 인상여(藺相如)가 진(秦)의 임금을 속였다."[37]

어떤 승려가 물었다.

"군왕이 싸움터에 나간 때는 어떠합니까?"

대사가 말하였다.

"여재(呂才)를 호이산(虎耳山)에 장사지냈느니라."[38]

"그 일이 어찌된 것입니까?"

"백의천(白衣天)[39]이 오는 것을 앉아서 보느니라."

"왕은 지금 어디에 있습니까?"

"용안을 건드리지 마라."

師曰。趙璧本無瑕。相如誑秦主。問君王出陣時如何。師曰。呂才葬虎耳。曰其事如何。師曰。坐見白衣天。曰王今何在。師曰。莫觸龍顏。

---

37) 조나라의 재상인 인상여는 조나라의 천하 제일가는 보물인 화씨벽이라는 구슬을 진나라 왕에게서 되찾기 위해 흠이 없는 구슬에 흠이 있다고 속였다 한다.

38) 여재(呂才)는 지리에 밝은 사람이었는데, 죽을 때 딸에게 유언하기를 "나를 호이산(虎耳山)에 장사하면 너는 천자의 부인이 되리라." 하여 딸이 그의 말대로 하니 과연 그렇게 되었다 한다.

39) 백의천(白衣天) : 천자의 청혼을 전하는 청혼사.

토끼뿔

ᘏ "제방에서 모두가 잡식(雜食)을 한다는데 화상께서는 어떠하십니까?" 했을 때

대원은 "오직 이 공양일 뿐일세." 하리라.

ᘏ "오랫동안 전쟁터에만 다니는 이가 어찌하여 공명은 취하지 않습니까?" 하니 "군왕이 도가 있으면 세 변방〔三邊〕이 조용하거늘 무엇 하러 만 리에 긴 성을 쌓겠는가?" 했는데

대원이라면 "군왕과 백성이 어우러져 차별이 없다." 하리라.

ᘏ "무기를 던지고 팔짱을 끼고 조정에 돌아왔을 때는 어떠합니까?" 했을 때

대원은 "오직 이러-하다." 하리라.

익주(益州) 응천(應天) 화상

응천 화상에게 어떤 승려가 물었다.
"사람마다 불성이 있다는데 어떤 것이 화상의 불성입니까?"
"그대는 무엇을 불성이라 하는가?"
"그러면 화상은 불성이 없습니까?"
대사가 외쳤다.
"통쾌하구나! 통쾌하구나!"

益州應天和尚。僧問。人人有佛性如何是和尚佛性。師曰。汝喚什麼作佛性。曰恁麼即和尚無佛性也。師乃叫快活快活。

토끼뿔

"어떤 것이 화상의 불성입니까?" 했을 때

대원은 "장님은 코끼리 다리를 기둥이라 한다." 하리라.

복주(福州) 구봉(九峰) 자혜(慈慧) 선사

자혜 선사가 처음에 위산에 있을 때 위산이 법상에 올라 말하였다.

"그대들은 모두가 대체(大體)만을 얻었고, 대용(大用)은 얻지 못했다."

대사가 나가 버리니 위산이 불렀다. 대사가 뒤도 돌아보지 않으니 위산이 말하였다.

"이 사람은 족히 법기가 되겠구나."

대사가 어느 날 위산을 하직하고 영중(嶺中)으로 돌아가면서 말하였다.

"제가 화상을 하직하여 천 리 밖에 있으나 화상의 좌우를 여의지 않습니다."

福州九峰慈慧禪師。初在溈山遇祐師上堂云。汝等諸人只得大體不得大用。師抽身出去。溈山召之。師更不迴顧。溈山云。此子堪為法器。師一日辭溈山入嶺云。某甲辭違和尚。千里之外不離左右。

위산이 감동한 표정〔動容〕[40]으로 말하였다.
“잘 하거라.”

潙山動容曰。善為。

40) 동용(動容) : 원문의 동용(動容)은 얼굴에 감동의 빛이 어리다는 뜻이다.

토끼뿔

“제가 화상을 하직하여 천 리 밖에 있으나 화상의 좌우를 여의지 않습니다.” 했는데

구봉답지 않구나. 대원이라면 위산에게 다만 인사하고 떠났을 것이다.

경조(京兆) 미(米) 화상

미(米) 화상[41]이 처음에 참학(參學)을 마치고 본사에 돌아와 있으니 어떤 노숙(老宿)이 물었다.

"달밤에 두레박줄이 끊어진 것을 보면 사람들은 뱀이라 하는데, 칠사〔미 화상〕는 부처님을 뵌다면 무엇이라 하시겠습니까?"

대사가 말하였다

"부처를 보았다는 것이 있으면 중생과 같습니다."[42]

노숙이 말하였다.

"천 년 묵은 복숭아씨로구나."

京兆米和尚(亦謂米七師)。初參學歸受業寺。有老宿問。月中斷井索時人喚作蛇。未審七師見佛喚作什麼。師曰。若有佛見即同眾生(法眼別云。此是什麼時節問。法燈別云。喚底不是)。老宿曰。千年桃核。

41) 또 미칠사(米七師)라고도 한다. (원주)

42) 법안(法眼)이 따로 말하기를 "이것이 어떤 시절에 묻는 것인가?" 하였다. 법등(法燈)이 말하기를 "부른다면 옳지 않다." 하였다. (원주)

대사가 앙산에게 승려를 보내 물었다.
"지금도 깨달음을 빌려야 하겠습니까?"
앙산이 말하였다.
"깨달음은 없지 않으나 어찌 둘째 머리에 떨어져 있으랴."
대사가 깊이 수긍하고, 또 동산(洞山)에게 승려를 보내 물었다.
"그 구경(究竟)이란 것이 어떤 것입니까?"
동산이 말하였다.
"도리어 반드시 그에게 물어야 한다."
대사가 또 수긍하였다.

어떤 승려가 대사에게 물었다.
"어떤 것이 가사 밑의 일입니까?"
"더러우면 그대들 마음대로 싫어하랴만 구름이나 노을에 걸어두지 마라."

師令僧去問仰山云。今時還假悟也無。仰山云。悟即不無。爭奈落在第二頭。師深肯之。又令僧去問洞山云。那箇究竟作麼生。洞山云。却須問他始得。師亦肯之。僧問。如何是衲衣下事。師曰。醜陋任君嫌。不掛雲霞色。

"달밤에 두레박줄이 끊어진 것을 보면 사람들은 뱀이라 하는데, 칠사〔미 화상〕는 부처님을 뵌다면 무엇이라 하시겠습니까?" 했을 때

대원은 "그도 아직 둘째 달이나 지키는 자의 말이니라." 하리라.

"그 구경(究竟)이라는 것이 어떤 것입니까?" 하니 "도리어 반드시 그에게 물어야 한다." 했는데

대원이라면 "돌아씨의 애 웃음이 수시로 누리에 가득하느니라." 하리라.

진주(晉州) 곽산(霍山) 화상

앙산의 한 승려가 와서 스스로 말하였다.

"집운봉(集雲峰) 밑의 네 그루 등나무 가지 같은 천하의 대선불(大禪佛)이 왔습니다."[43]

대사가 유나를 불러서 장작을 가져오라 하니, 대선불이라 자칭한 승려가 잰 걸음으로 물러갔다.

대사는 비마암(祕魔巖) 화상이 승려들이 와서 절을 하면 나무 갈고리로 조른다는 말을 듣고, 어느 날 마침내 그를 만나러 가서는 보자마자 절도 하지 않고 비마의 품속으로 들어갔다.

비마가 대사의 등을 세 번 문지르니, 대사가 일어나서 손뼉을 치면서 말하였다.

晉州霍山和尙。仰山一僧到自稱。集雲峰下四藤條天下大禪佛參(大禪佛即十二卷。晉州霍山景通和尙也)。師乃喚維那搬柴著。大禪佛驟步而去。師聞祕魔巖和尙凡有僧到禮拜以木叉叉著。師一日遂往訪之。纔見不禮拜。便入祕魔懷裏。祕魔拊師背三下。師起拍手曰。

43) 대선불이라고 자칭한 이 승려가 12권에 나오는 진주 곽산 경통(景通) 화상이다. (원주)

"사형이여, 나는 천 리 길을 왔소."
그리고는 이내 돌아왔다.[44)]

師兄我一千里地來便回(一作師兄三千里外賺我來)。

44) 다른 책에는 "사형이여, 삼 천리 밖에서 내가 오도록 속였구려." 하였다. (원주)

토끼뿔

천 리 길을 왔다 할 때 대원이라면 "그런 길은 어떻게 볼 수 있었던고?" 이렇게 한번 짚어봤을 것이다. "험."

양주(襄州) 왕경초(王敬初) 상시(常侍)

왕경초(王敬初) 상시(常侍)가 일을 보고 있는데 미(米) 화상이 왔다. 왕공(王公)이 붓을 드니, 미 화상이 물었다.

"허공을 심판할 수 있겠소?"

왕공이 붓을 던지고 들어가서 다시는 나오지 않았다.

미 화상이 의심이 나서 이튿날 고산 공양주에게 들어가서 그의 뜻을 알아달라 하고, 자기도 뒤를 따라 들어가 병풍 뒤에 숨어서 엿보았다.

고산 공양주가 앉자마자 물었다.

"어제 미 화상이 무슨 말을 했기에 만나지 않습니까?"

왕공이 대답하였다.

"사자는 사람을 무는데 한로(韓獹)[45]는 흙덩이를 뭅니다."

襄州王敬初常侍。視事次。米和尚至。王公乃擧筆。米曰。還判得虛空否。公擲筆入廳更不復出。米致疑。至明日憑鼓山供養主入探其意。米亦隨至潛在屏蔽間偵伺。供養主纔坐問云。昨日米和尚有什麼言句便不得見。王公曰。獅子咬人韓獹逐塊。

---

45) 한로(韓獹) : 한나라 때의 사나운 개.

미 화상이 이 말을 엿듣고, 이내 어제의 잘못을 깨달았다. 그리고는 뛰쳐나오면서 껄껄 웃고 말하였다.

"내가 알았소, 내가 알았소."

일찍이 왕공이 어떤 승려에게 물었다.

"일체 중생이 모두 불성이 있습니까?"

승려가 말하였다.

"모두 있소."

왕공이 벽에 걸린 개 그림을 가리키면서 말하였다.

"저것도 있습니까, 없습니까?"

승려가 대답하지 못하니, 왕공이 스스로 대신 말하였다.

"물릴까 조심하오."

米師竊聞此語。即省前謬。遽出朗笑曰。我會也我會也。嘗問一僧。一切衆生還有佛性也無。僧曰。盡有。公指壁畫狗子云。遮箇還有也無。僧無對。公自代云。看咬著。

토끼뿔

왕공이 벽에 걸린 개 그림을 가리키면서 "저것도 있습니까, 없습니까?" 했을 때

대원이라면 "짖는 일은 없지만 많은 사람이 물리니 어찌해야겠소?" 라고 반문을 해서 묻는 이의 경지를 점검해 보는 기회로도 삼았을 것이다.

앞의 복주(福州) 대안(大安) 선사[46]의 법손[47]

익주(益州) 대수(大隨) 법진(法眞) 선사

법진 선사에게 어떤 승려가 물었다.
"겁의 불길이 훨훨 타서 삼천대천세계가 모두 무너지는데 그것도 무너집니까?"
"무너진다."

前福州大安禪師(亦稱大溈和尚)法嗣(除落長慶院三字。蓋師雖曾居長樂府之西院。沒後二十餘年閩帥移招慶。稜和尚來住西院。方奏長慶之額)益州大隨法真禪師。僧問。劫火洞然大千俱壞。未審此箇還壞也無。師曰。壞。

46) 또는 대위(大潙) 화상이라고도 한다. (원주)
47) 장경원(長慶院) 세 글자가 제거되었다. 대사가 일찍이 장락부(長樂府)의 서원(西院)에 거주하였다가 20여 년 후에 초경으로 이동하였다. 능 화상이 서원에 와서 거주하여 바야흐로 장경이라는 편액을 받았다. (원주)

승려가 말하였다.

“그렇다면 다른 것을 따르는군요.”

대사가 말하였다.

“다른 것을 따른다.”

“어떤 것이 거룩한 이의 모습〔大人相〕[48]입니까?”

“배에 방(榜)을 붙이지 않는 것이니라.”

대사가 어떤 승려에게 물었다.

“어디로 가는가?”

“서산으로 암자살이를 갑니다.”

“내가 동산 마루에서 그대를 부르면 그대가 올 수 있겠는가?”

“그러지 못하겠습니다.”

“그대는 암자살이를 못하겠다.”

어떤 승려가 물었다.

“사느냐 죽느냐에 이르렀을 때에는 어찌합니까?”

僧曰。恁麼即隨他去也。師曰。隨他去也。問如何是大人相。師曰。肚上不帖榜。師問僧。什麼處去。曰西山住庵去。師曰。我向東山頭喚汝。汝還來得麼。僧曰。即不然。師曰。汝住庵未得。問生死到來時如何。

---

48) 대인상(大人相) : 원문의 대인상(大人相)은 부처님의 32상호를 말함. 부처님은 일체 중생의 가장 존귀하고 가장 위대한 분이므로 부처님의 모습을 대인상(大人相)이라 한다.

대사가 말하였다.
"차를 만나면 마시고, 밥을 만나면 먹어라."
"누가 공양을 받습니까?"
"발우를 거두어라."

대사의 암자 옆에 거북이 한 마리가 있었는데 어떤 승려가 물었다.
"일체 중생은 가죽이 뼈를 쌌는데 저 중생은 뼈가 가죽을 쌌으니 어찌된 일입니까?"
대사가 짚신을 들어다가 거북의 곁에 놓으니, 그 승려가 말이 없었다.

어떤 승려가 물었다.
"어떤 것이 모든 부처님들의 요긴한 법입니까?"
대사가 불자를 들면서 말하였다.
"알겠는가?"
"모르겠습니다."
"노루〔麈〕 꼬리로 만든 불자이니라."

師曰。遇茶喫茶遇飯喫飯。曰誰受供養。師曰。合取鉢盂。師庵側有一龜。僧問。一切衆生皮裹骨。遮箇衆生骨裹皮如何。師拈草履於龜邊著。僧無語。問如何是諸佛法要。師舉拂子云。會麼。曰不會。師曰。麈尾拂子。

어떤 승려가 물었다.
"어떤 것이 학인의 자신입니까?"
대사가 말하였다.
"이것이 나라 하는 자신이다."
"어째서 도리어 그것이 화상의 자신입니까?"
"이것이 그대의 자신이니라."

어떤 승려가 물었다.
"어떤 것이 무봉탑(無縫塔)입니까?"
대사가 말하였다.
"높이가 다섯 자 되느니라."
"학인은 잘 모르겠습니다."
"통째로〔鶻崙〕[49] 벽돌이니라."

어떤 승려가 물었다.
"화상께서 백 년을 마치신 뒤에는 누구에게 법을 전하시겠습니까?"

問如何是學人自己。師曰。是我自己。曰為什麼却是和尚自己。師曰。是汝自己。問如何是無縫塔。師云。高五尺。曰學人不會。師曰。鶻崙塼。問和尚百年後法付何人。

49) 골륜(鶻崙) : 원문의 골륜(鶻崙)은 통째로라는 뜻이다. 完整, 整個兒.

대사가 말하였다.
"드러난 기둥이요, 불화로이니라."
"그들도 받을 수 있습니까?"
"불화로요, 드러난 기둥이니라."

어떤 행자가 무리를 이끌고 오니 대사가 물었다.
"나를 보러 온 사람들아, 동쪽을 무엇이라 하는가?"
"동쪽이라 부를 수 없습니다."
대사가 꾸짖으면서 말하였다.
"이 썩은 놈들아, 동쪽이라 하지 않는다면 무엇이라 하는가?"
행자는 말을 못하고 대중은 흩어졌다.

어떤 승려가 물었다.
"어떤 것이 화상의 가풍입니까?"
대사가 말하였다.
"붉은 흙에 키를 그린다."

師曰。露柱火爐。曰還受也無。師曰。火爐露柱。有行者領衆到。師問。參得底人喚東作什麼。對曰。不可喚作東。師咄曰。臭驢漢。不喚作東喚作什麼。行者無語。衆遂散。問如何是和尚家風。師曰。赤土畫簸箕。

승려가 말하였다.

"어떤 것이 붉은 흙에 키를 그리는 것입니까?"

"키에 입술이 있어서 쌀이 튀어나오지 않느니라."

대사가 어떤 승려에게 물었다.

"어떤 교법을 강의하는가?"

"백법론(百法論)을 강의합니다."

대사가 주장자를 번쩍 들고 물었다.

"이는 어디서 일어났는가?"

"인연에서 일어났습니다."

"괴롭다, 괴로워."

대사가 어떤 승려에게 물었다.

"어디로 가려는가?"

"보현을 뵈러 갑니다."

대사가 불자를 들고 말하였다.

"문수와 보현이 모두 여기에 있다."

曰如何是赤土畫簸箕。師曰。簸箕有脣米不跳出。師問一僧。講什麼教法。曰百法論。師拈拄杖子曰。從何而起。對曰。從緣而起。師曰。苦哉苦哉。師問僧。什麼處去。曰禮普賢去。師舉拂子云。文殊普賢總在遮裏。

어떤 승려가 일원상을 그려서 뒤로 던진 뒤에 절을 하니, 대사가 시자에게 말하였다.

"저 승려에게 차 한 잔을 갖다 주어라."

어느 날 여러 승려들이 뵈러 왔는데, 대사가 입에 풍이 난 시늉을 하고서 말하였다.

"어떤 사람이 나의 입병을 고쳐줄 수 있겠는가?"

이때에 승려들이 앞을 다투어 약을 보내왔고 속인들까지도 많은 약을 보냈으나, 대사는 모두 받지 않다가 7일 만에 스스로가 입을 주물러 바르게 하면서 말하였다.

"그렇게 오랫동안 입술을 나불거렸는데 아직까지 내 입을 고쳐줄 사람이 없구나."

촉주(蜀主)[50]가 흠모하여 사자를 보내어 자주 청했으나 늙고 병들었다는 이유로 모두 사양하니, 나중에 신조 대사(神照大師)라 불렀다.

僧作圓相。拋向後乃禮拜。師曰。侍者取一帖茶與遮僧。一日眾僧參次。師口作患風勢云。還有人醫得吾口麼。時眾僧競送藥以至。俗士聞之亦多送藥。師並不受。七日後師自摑口令正乃云。如許多時鼓遮兩片皮。至今無人醫得吾口。蜀主欽尚遣使屢徵。師皆辭以老病。署神照大師。

---

50) 촉주(蜀主) : 중국의 오대 십국(五代十國) 시대때 촉나라 임금 왕씨.

토끼뿔

대사가 주장자를 번쩍 들고 묻기를 "이는 어디서 일어났는가?" 하니 "인연에서 일어났습니다." 했을 때

대원이었다면 할을 하고 "알겠느냐?" 해서 한 번 더 이끌어 보았을 것이다.

"험."

소주(韶州) 영수(靈樹) 여민(如敏) 선사

여민 선사는 민천(閩川) 사람으로 광주(廣主)의 유(劉)씨가 대사를 두고 존중히 여기면서 지성(知聖) 대사라 불렀다.

어떤 승려가 물었다.
"불법의 지극한 이치가 어떠합니까?"
대사가 손을 벌리기만 하였다.

승려가 물었다.
"어떤 것이 화상의 가풍입니까?"
대사가 말하였다.
"천년 묵은 밭의 팔백 주인이니라."
"어떤 것이 천년 묵은 밭의 팔백 주인입니까?"
"허물어져가는 집을 수리하는 사람이 없구나."

韶州靈樹如敏禪師。閩川人也。廣主劉氏奕世欽重。署知聖大師。有僧問。佛法至理如何。師展手而矣。問如何是和尚家風。師曰。千年田八百主。曰如何是千年田八百主。師曰。郎當屋舍沒人修。

승려가 물었다.

“어떤 것이 조사가 서쪽에서 오신 뜻입니까?”

대사가 말하였다.

“동자는 막요(莫傜)[51]의 후손이다.”

“스님, 더 자세히 일러 주십시오.”

“그대는 건주(虔州)에서 왔다.”

승려가 물었다

“무엇이기에 그렇게 알기가 어렵습니까?”

대사가 말하였다.

“화관(火官)의 머리 위에 풍차(風車)니라.”

어떤 비구니가 사기 발우 한 벌을 보냈는데, 대사가 번쩍 들고 물었다.

“이것이 어디서 나왔는가?”

비구니가 대답하였다.

問如何是西來意。師曰。童子莫傜兒。曰乞師指示。師曰。汝從虔州來。問是什麼得恁麼難會。師曰。火官頭上風車子。有尼送瓷鉢與師。師托起問云。遮箇出在什麼處。尼云。

---

51) 막요(莫傜) : 조상이 국가에 공이 있어 부역을 면제 받았다는 남방 호족.

"정주(定州)에서 나왔습니다."[52)]
대사가 동댕이쳐서 깨뜨리니, 비구니가 대답이 없었다.[53)]

어떤 사람이 화상의 나이를 물으니 대사가 말하였다.
"오늘 태어나서 내일 죽는다."
"화상의 고향은 어디십니까?"
"해는 동쪽에서 뜨고, 달은 서쪽으로 진다."

대사가 40여 년 동안 영(嶺) 밖에서 교화를 펴니 자못 뛰어난 자취가 있었다. 광주(廣主)가 전쟁을 일으키려고 몸소 절에 와서 옳고 그름을 물으러 왔는데, 대사가 미리 알고 태연히 앉아서 입멸하였다. 광주가 노여워하며 책임자를 꾸짖으면서 말하였다.
"화상께서 언제 병환이 나셨소?"

出在定州(法燈別云不遠此間)。師乃撲破。尼無對(保福代云。欺敵者亡)。人問和尚年多少。師曰。今日生來日死。又問。和尚生緣什麼處。師曰。日出東月落西。師四十餘年化被嶺表。頗有異迹。廣主將興兵。躬入院請師決臧否。師先已知怡然坐化。主怒知事云。和尚何時得疾。

52) 법등(法燈)이 따로 말하기를 "이 사이는 멀지 않다." 하였다. (원주)
53) 보복(保福)이 대신 말하기를 "적을 속이는 자는 망한다." 하였다. (원주)

"대사께서 병환이 나신 일은 없습니다. 아까 편지 한 통을 주시면서 군왕이 오시거든 드리라 하셨습니다."

광주가 열어보니 다음과 같았다.

"인천(人天)[54]의 안목은 법당 안의 상좌에게 있다."

광주가 대사의 뜻을 깨닫고 전쟁을 일으키지 않았다. 그리고는 제일좌에게 상당 설법을 청하였다.[55]

대사의 전신이 흩어지지 않았으며 장사할 기구와 감실(龕室)[56]과 탑은 모두 광주가 마련하였는데, 지금도 영수진신(靈樹眞身)의 탑이라 전한다.

對曰。師不曾有疾。適封一函子令俟王來呈之。主開函得一帖子。書云。人天眼目堂中上座。主悟師旨遂寢兵。乃召第一座開堂說法(即雲門偃和尚法嗣雪峯是也)。師全身不散。其葬具龕塔並廣主具辦。今號靈樹真身塔焉。

---

54) 인천(人天) : 인간계와 천상계의 중생.
55) 이 제일좌가 곧 운문(雲門) 문언(文偃)이니 설봉의 법을 이은 사람이다. (원주)
56) 감실(龕室) : 신주를 모셔두는 장(欌). 닫집.

토끼뿔

대사가 "이것이 어디서 나왔는가?" 하니, 비구니가 "정주에서 나왔습니다." 하자, 대사가 발우를 깨뜨렸는데

그때 정주에서 나왔다 하지 않고 자리를 한 번 치고,
"이럴 때 드시는 차가 아니겠습니까?" 하며 차를 드렸더라면 발우가 깨진 일은 없었을 것을….

복주(福州) 수산(壽山) 사해(師解) 선사

사해 선사가 행각할 때에 동산(洞山)의 법회에 가니 동산이 물었다.

"그대의 고향은 어디인가?"

대사가 대답하였다.

"화상께서 사실을 물으신다면 저는 민중(閩中) 사람입니다."

"그대의 아버지 이름은 무엇인가?"

"오늘 화상이 준 이 한 물음을 입어 앞뒤를 몽땅 잊었습니다."

대사가 법상에 올라 말하였다.

"여러 상좌들이여, 다행히 진실한 말이 있기에 여러분께 권고하니 여러분이 제각기 체득해 다 알라.

福州壽山師解禪師。行脚時。造洞山法席。洞山問云。闍梨生緣何處。師曰。和尚若實問某甲。即是閩中人。洞山云。汝父名什麼。師曰。今日蒙和尚致此一問。直得忘前失後。上堂云。諸上座。幸有真實言語相勸。諸兄弟各自體悉。

범부니 성현이니 하는 정이 다하면 본체가 드러나 참되고 항상한다. 전부터 있던 허망한 반연의 때묻은 마음을 일시에 벗어 버리기만 하면 허공과 같이 되리니, 다른 때 뒷날에 좋고 나쁨을 알게 되리라."

민수(閩帥)가 물었다.

"수산의 나이는 얼마입니까?"

대사가 말하였다.

"허공과 같습니다."

"허공의 나이는 얼마입니까?"

"수산의 나이와 같습니다."

凡聖情盡體露真常[57)]。但一時卸刼從前虛妄攀緣塵垢心。如虛空相似。他時後日合識得些子好惡。閩帥問曰。壽山年多少。師曰。與虛空齊年。曰虛空年多少。師曰。與壽山齊年。

57) 常이 송, 원나라본에는 如로 되어 있다.

토끼뿔

"그대의 고향은 어디인가?" 했을 때

대원은 "그런 말도 있습니까?" 하리라.

요주(饒州) 요산(嶢山) 화상

요산 화상에게 어떤 승려가 물었다.
"어떤 것이 조사가 서쪽에서 오신 뜻입니까?"
대사가 말하였다.
"한겨울 날이 몹시 춥구나."

"어떤 것이 화상의 깊고 깊은 곳입니까?"
"그대의 혀가 땅에 떨어진 뒤에 그대에게 말하리라."

"어떤 것이 장육금신(丈六金身)입니까?"
"판관(判官)이 결정한 안건을 상공(相公)이 고치느니라."

장경(長慶)이 물었다.
"위로부터의 종승(宗乘)을 여기서는 어떻게 이야기합니까?"

饒州嶢山和尚。僧問。如何是西來意。師曰。仲冬嚴寒。問如何是和尚深深處。師曰。待汝舌頭落地。即向汝道。問如何是丈六金身。師曰。判官斷案相公改。長慶問。從上宗乘此間如何言論。

대사가 말하였다.

"원(願)이 있으면 선대의 성인을 저버리지 않는다."

"선대 성인의 무엇을 저버리지 말라는 것입니까?"

"드러내지 못했다"

장경이 말하였다.

"그러면 스님께서 말씀해 보십시오."

대사가 말하였다.

"어느 곳에서 오가느냐?"

장경이 말하였다.

"어느 곳을 오간다 하리오."

師曰。有願不負先聖。長慶云。不負先聖作麼生。師曰。不露。長慶云。恁麼即請師領話。師曰。什麼處去來。長慶云。只者什麼處去來。

토끼뿔

ꩰ "어떤 것이 화상의 깊고 깊은 곳입니까?" 했을 때

대원은 "낙타등이 아니다." 하리라.

ꩰ "위로부터의 종승을 여기서는 어떻게 이야기합니까?" 했을 때

대원은 "험, 그런 이야기가 없다." 하리라.

천주(泉州) 포전현(莆田縣) 국환숭복원(國歡崇福院) 혜일(慧日) 대사

혜일 대사는 복주(福州) 후관(侯官) 사람으로 성은 황(黃)씨이다. 날 적부터 특이하더니 자라서는 이름을 문구(文矩)라 하였고 고을의 옥졸이 되었다. 가끔 임무를 버리고 영관(靈觀) 화상에게나 서원(西院)의 대안(大安) 선사에게 갔는데, 아전들도 금하지는 못하였다.

나중에 만세탑(萬歲塔)의 담공(譚空) 선사에 의해 머리를 깎았으나, 가사도 입지 않고 구족계도 받지 않은 채 오직 얼룩 비단으로 괘자(掛子)를 만들어서 걸쳤을 뿐이었다.

그리고는 다시 영관 화상에게 가니 영관 화상이 말하였다.

"나는 그대의 스승이 아니다. 그대는 서원에 가서 예를 하라."

泉州莆田縣國歡崇福院慧日大師。福州侯官人也。姓黃氏。生而有異。及長名文矩。為縣獄卒。往往棄役往靈觀和尚及西院大安禪師所。吏不能禁。後謁萬歲塔譚空禪師落髮。不披袈裟不受具戒。唯以雜彩為掛子。復至觀和尚所。觀曰。我非汝師。汝去禮西院去。

대사가 조그마한 청죽(青竹) 지팡이를 짚고 서원 법당에 드니, 대안이 멀리서 보고 빙그레 웃으면서 말하였다.

"열반당으로 들라."

대사가 응락하고 죽장을 휘두르면서 들어갔다. 이 때에 5백 명쯤 되는 승려가 괴질에 걸렸는데 대사가 죽장으로 차례차례 점을 찍어주니, 저마다 머리를 치는 대로 모두 일어났다.

민왕(閩王)이 소중히 예우하여 국환선원을 창설하고 살게 하였는데 그 뒤에 신령스런 자취가 퍽 많았다. 당의 건녕(乾寧) 때에 입멸하였다.

師携一小青竹杖入西院法堂。安遙見而笑曰。入涅槃堂去。師應諾。輪竹杖而入。時有五百許僧染時疾。師以杖次第點之。各隨點而起。閩王禮重創國歡禪苑以居之。厥後頗多靈跡。唐乾寧中示滅。

토끼뿔

"열반당으로 들라." 했을 때

대원이라면 주장자를 꽂아 짚고 우뚝 서 있었을 것이다.
그런 다음, 다음 일은 청에 의해서 행했을 것이다.

태주(台州) 부강(浮江) 화상

부강 화상에게 어느 때에 설봉 화상이 무리를 이끌고 와서 물었다.

"지금 2백 명이 여기에서 여름을 지내려 하는데 되겠습니까?"

대사가 주장자로 땅에 한 획을 긋고 말하였다.

"부득이 이 도를 알린 것이다."

설봉이 말이 없었다.

台州浮江和尚。有時雪峯和尚領衆到問云。即今有二百人寄院過夏得也無。師將拄杖劃地一下云。著不得即道。雪峯無語。

"지금 2백 명이 여기에서 여름을 지내려 하는데 되겠습니까?" 하니, 대사가 주장자로 땅에 한 획을 긋고 "부득이 이 도를 알린 것이다." 했을 때

대원이라면 대사가 그은 한 획 밖으로 원을 그렸을 것이다.

노주(潞州) 녹수(渌水) 화상

녹수 화상에게 어떤 승려가 물었다.
"어떤 것이 조사께서 서쪽에서 오신 뜻입니까?"
대사가 말하였다.
"뜰앞의 꽃이 만발한 것을 보았는가?"
승려가 말이 없었다.

潞州渌水和尚。僧問。如何是祖師西來意。師曰。還見庭前花藥欄麼。僧無語。

토끼뿔

“어떤 것이 조사께서 서쪽에서 오신 뜻입니까?” 했을 때 대원은 “머리에 명백하다.” 하리라.

광주(廣州) 문수원(文殊院) 원명(圓明) 선사

원명 선사는 복주(福州) 사람으로 성은 진(陳)씨이다. 본래 대위(大潙)에게 물어 종지를 얻었고, 나중에 설봉에 가서 물었으나 법은 다름이 없었다.

또 일찍이 오대산에 갔다가 문수보살이 화현한 것을 보고, 그로 인하여 가는 곳마다 절을 짓고는 문수원이라 하였다.

개보(開寶) 때에 이전의 추밀사(樞密使) 이숭거가 남쪽으로 순행을 돌다가 대사의 절에 와서 지장보살상을 보고 승려에게 물었다.

"지장보살은 어찌하여 손을 펴고 있는가?"

승려가 대답하였다.

"손에 있던 구슬을 도적맞았습니다."

이공(李公)이 다시 대사에게 물었다.

"지장보살이면서도 어찌 도적을 맞습니까?"

廣州文殊院圓明禪師。福州人也。姓陳氏。本參大潙得旨。後造雪峯請益法無異味。又嘗遊五臺山覩文殊化現。乃隨方建院以文殊為額。開寶中前樞密使李崇矩巡護南方。因入師院覩地藏菩薩像。問僧曰。地藏何以展手。僧曰。手中珠被賊偷却也。李却問師。既是地藏為什麼遭賊。

대사가 말하였다.

"오늘 잡았다."

이공이 절을 하였다.

순화(淳化) 원년에 입멸하니, 수명은 136세였다.

師曰。今日捉下也。李乃謝之。淳化元年示滅。壽一百三十有六。

토끼뿔

"지장보살은 어찌하여 손을 펴고 있는가?" 했을 때

대원은 "온통 베푼 손인데 받지 못했습니까?" 하리라.

앞의 조주(趙州) 종심(從諗) 선사의 법손

홍주(洪州) 무령현(武寧縣) 신흥(新興) 엄양(嚴陽) 존자

엄양 존자에게 어떤 승려가 물었다.
"어떤 것이 부처입니까?"
대사가 말하였다.
"흙덩어리이다."
"어떤 것이 법입니까?"
"땅이 움직인다."
"어떤 것이 승려입니까?"
"죽도 먹고 밥도 먹는다."

前趙州從諗禪師法嗣 洪州武寧縣新興嚴陽尊者。僧問。如何是佛。師曰。土塊。曰如何是法。師曰。地動也。曰如何是僧。師曰。喫粥喫飯。

어떤 승려가 물었다.

“어떤 것이 신흥의 물입니까?”

대사가 말하였다.

“앞의 강 속이니라.”

“어떤 것이 물건에 응해 모양을 나타내는 것입니까?”

“나에게 상을 집어 주라.”

대사에게는 항상 뱀 한 마리와 범 한 마리가 좌우를 따랐는데 손에다 음식을 주었다.

問如何是新興水。師曰。前面江裹。問如何是應物現形。師曰。與我拈床子過來。師常有一蛇一虎。隨從左右手中與食。

토끼뿔

ꕀ "어떤 것이 부처입니까?" 했을 때
대원이라면 "이것이다." 하고

"어떤 것이 법입니까?" 했을 때도
대원이라면 "이것이다." 했을 것이다.

말해 봐라. "이것이다."를 같은 의미로 썼겠는가, 다른 의미로 썼겠는가?

ꕀ 또 "어떤 것이 물건에 응해 모양을 나타내는 것입니까?" 했을 때

대원은 "이보다 더 분명한 때가 또 있느냐?" 하리라.

양주(楊州) 성동(城東) 광효원(光孝院) 혜각(慧覺) 선사

혜각 선사에게 어떤 승려가 물었다.

"깨달음의 꽃이 피어 사바세계에 두루해서 조사의 심인이 서쪽에서 왔는데 무엇을 이야기해야 좋겠습니까?"

"망정이 나면 지혜가 막힌다."

"그것은 교리입니다."

"그대는 무슨 옷을 입고 있는가?"

어떤 승려가 물었다.

"한 방망이로 허공을 쳐부수는 시절이 어떠합니까?"

대사가 말하였다.

"피곤하면 쉬어 가라."

楊州城東光孝院慧覺禪師。僧問。覺花纔綻遍滿娑婆。祖印西來合譚何事。師曰。情生智隔。曰此是教意。師曰。汝披什麼衣服。問一棒打破虛空時如何。師曰。困即歇去。

대사가 송제구(宋齊丘)에게 물었다.
"도를 알겠는가?"
송제구가 말하였다.
"도에도 집착하지 마십시요."
"집착이 있으면 안 되고, 집착이 없어도 안 된다."
"그런 것 모두가 아닙니다."
"집착은 안 되는 것이다."
송제구가 대답이 없었다.

어느 날 대사가 대중을 이끌고 밖에 나갔다가 돌기둥을 보고 합장하고서 인사를 하였다.
"잘 살피지 못했습니다. 세존이시여."
어떤 승려가 나서서 말하였다.
"스님, 이는 돌기둥입니다."
"피가 나도록 울어도 쓸데없으니 입을 다물고 남은 봄을 보내는 것만 못하겠구나."

師問宋齊丘。還會道麼。宋曰。道也著不得。師曰。有著不得無著不得。宋曰。總不恁麼。師曰。著不得底。宋無對。師領衆出。見露柱師合掌曰。不審世尊。一僧曰。和尚是露柱。師曰。啼得血流無用處。不如緘口過殘春。

어떤 승려가 물었다.

"멀리서 스님을 뵈러 왔습니다. 스님의 뜻에 어떠하십니까?"

대사가 말하였다.

"관청 일이 엄격해서 마련한 것을 허락할 수 없다."

"화상께서 어찌 방편이 없으시겠습니까?"

"불 창고 속에서 하룻밤을 자고 가라."

장(張) 거사가 물었다.

"늙음을 어찌할 수 없군요."

대사가 말하였다.

"나이가 몇인가?"

"80입니다."

"늙었다 할 만하군."

"끝내 어찌해야 합니까?"

"설사 천 살이 되어도 살았다고 할 수는 없다."

問遠遠投師師意如何。曰官家嚴切不許安排。曰師豈無方便。師曰。且向火倉裏一宿。張居士問。爭奈老何。師曰。年多少。張曰。八十也。師曰。可謂老也。曰究竟如何。師曰。直至千歲也未住。

어떤 사람이 물었다.

“저는 평생에 자주 소를 잡았는데 죄가 있겠지요?”

대사가 말하였다.

“죄가 없다.”

“어째서 죄가 없습니까?”

“하나를 죽이고 하나를 돌렸기 때문이다.”

有人問。某甲平生愛殺牛。還有罪否。師曰。無罪。曰為什麼無罪。師曰。殺一箇還一箇。

토끼뿔

ဢ "깨달음의 꽃이 피어 사바세계에 두루해서 조사의 심인이 서쪽에서 왔는데 무엇을 이야기해야 좋겠습니까?" 했을 때

대원은 한 방망이 때리고 "이렇게 때려잡는 이야기를 하느니라." 하리라.

ဢ "한 방망이로 허공을 쳐부수는 시절이 어떠합니까?" 했을 때

대원은 "참으로 그런 시절의 사람은 그런 말이 없다." 하리라.

ဢ "멀리서 스님을 뵈러 왔습니다. 스님의 뜻에 어떠하십니까?" 했을 때도

대원이라면 "나의 뜻이 어떠냐?" 해서
"화상께서 어찌 방편이 없으시겠습니까?" 하면
"이 흙덩이나 쫓는 놈아." 했을 것이다.

ꕤ 장(張) 거사가 "늙음을 어찌할 수 없군요." 하니, 대사가 묻기를 "나이가 몇인가?" 하자 "80입니다." 했는데

대원이라면 자리를 크게 치고, "이래도 80인가?" 했을 것이다.
"혐."

농주(隴州) 국청원(國淸院) 봉(奉) 선사

봉(奉) 선사에게 어떤 승려가 물었다.

"교리의 뜻과 조사의 뜻이 같습니까, 다릅니까?"

대사가 말하였다.

"단비를 뿌리니 모든 풀이 빼어나고, 봄바람에 머리가 그치지를 못하는구나."

"결국 하나입니까, 둘입니까?"

"상서로운 구름이 다투어 일어나도 바위굴은 일그러지지 않는다."

어떤 승려가 물었다.

"어떤 것이 화상의 가풍입니까?"

"소반 · 평상 · 의자 · 화로 · 창문이니라."

隴州國淸院奉禪師。問祖意與教意同別。師曰。雨滋三草秀。春風不裹頭。曰畢竟是一是二。師曰。祥雲競起巖洞不虧。問如何是和尚家風。師曰。臺桦椅子火爐䆫牖。

어떤 승려가 물었다.

“어떤 것이 출가한 사람입니까?”

“구리 머리와 무쇠 이마, 까마귀 부리에 사슴의 몸이니라.”

“어떤 것이 출가한 사람의 본분의 일입니까?”

“아침에 일어나서는 ‘안녕하십니까?’ 하고, 저녁에는 ‘안녕히 주무십시오.’ 하느니라.”

어떤 승려가 물었다.

“우두(牛頭)가 4조를 보기 전에는 어찌하여 새와 짐승들이 꽃을 물어왔습니까?”

“협부(陝府) 사람들이 철우(鐵牛)[58]에게 돈과 재물을 보내는 것과 같다.”

“본 뒤에는 어찌하여 물어오지 않았습니까?”

“목마(木馬)가 새벽부터 8백 리를 간다.”

問如何是出家人。曰銅頭鐵額烏嘴鹿身。曰如何是出家人本分事。師曰。早起不審夜間珍重。問牛頭未見四祖時。為什麼鳥獸銜獻花。師曰。如陝府人送錢財與鐵牛。曰見後為什麼不銜獻花。師曰。木馬投明行八百。

58) 철우(鐵牛) : 협부를 지킨다는 신.

어떤 승려가 물었다.

"하루 종일 어떻게 마음을 항복시키겠습니까?"

"얼음을 두드려서 불을 구하니, 오랜 겁을 지내도 얻지 못하리라."

어떤 승려가 물었다.

"십이분교는 아기의 울음을 달래는 것이라 하니, 울음 달래는 일을 떠나서 한 구절 말씀해 주십시오."

"우뚝한 봉우리 위에 뿔난 여자니라."

어떤 승려가 물었다.

"어떤 것이 불법의 대의입니까?"

"석가는 우두옥졸(牛頭獄卒)[59]이요, 조사는 마면아방(馬面阿傍)이니라."

問十二時中如何降伏其心。師曰。敲氷求火論劫不逢。問十二分教是止啼之義。離却止啼請師一句。師曰。孤峯頂上雙角女。問如何是佛法大意。師曰。釋迦是牛頭獄卒。祖師是馬面阿傍。

59) 우두옥졸(牛頭獄卒) : 소의 머리에 사람의 몸을 한 지옥의 옥졸.

어떤 승려가 물었다.

“어떤 것이 서쪽에서 오신 뜻입니까?”

“동쪽 벽에서 서쪽 벽을 치는 것이니라.”

어떤 승려가 물었다.

“어떤 것이 깨뜨려도 깨지지 않는 구절입니까?”

“털끝만큼도 막히지 않았거늘, 요새 사람들은 먼 곳에서 바라보고 있다.”

問如何是西來意。師曰。東壁打西壁。問如何是撲不破底句。師曰。不隔毫釐時人遠嚮。

토끼뿔

어떤 승려가 묻기를 “우두가 4조를 보기 전에는 어찌하여 새와 짐승들이 꽃을 물어왔습니까?” 했을 때

대원이라면 “남았다.” 하고

“본 뒤에는 어찌하여 물어오지 않았습니까?” 하면

“남지 않았다 함마저 없다.” 했을 것이다.
“험.”

무주(婺州) 목진(木陳) 종랑(從朗) 선사

종랑 선사에게 어떤 승려가 물었다.
"둥우리의 학을 놓아주어 눈〔雪〕으로 날아간 때가 어떠합니까?"
대사가 말하였다.
"나는 한 빛깔이라고도 하지 않는다."

금강(金剛)이 쓰러지니 어떤 승려가 물었다.
"금강은 무너지지 않는 몸이건만 어찌하여 쓰러집니까?"
대사가 선상을 치면서 말하였다.
"행(行)·주(住)·좌(坐)·와(臥)니라."
대사가 임종할 때에 게송을 남겼다.

婺州木陳從朗禪師。僧問。放鶴出籠和雪去時如何。師曰。我道不一色。因金剛倒。僧問。既是金剛不壞身。為什麼却倒地。師敲禪床曰。行住坐臥。師將歸寂。有頌曰。

30년 동안 목진산에 살았지만
그 동안 공 이룬 것 하나도 없네
누군가가 나에게 서래의(西來意)를 묻는다면
눈썹을 깜박인들 무엇 하리오

三十年來住木陳
時中無一假功成
有人問我西來意
展似眉毛作麼生

토끼뿔

"둥우리의 학을 놓아주어 눈〔雪〕으로 날아간 때가 어떠합니까?" 했을 때

대원은 "차나 들라." 하리라.

무주(婺州) 신건(新建) 선사

신건 선사는 사미를 기르지 않았는데 어떤 승려가 와서 물었다.

"스님은 나이가 많으신데 왜 동자를 길러 시봉을 시키지 않으십니까?"

대사가 말하였다.

"눈멀고 귀먹은 놈이 있거든 구해다 다오."

어떤 승려가 하직을 고하니 대사가 물었다.

"어디로 가려는가?"

"고을 아래의 개원사(開元寺)로 가겠습니다."

"내가 그 절 주지에게 보낼 편지가 하나 있는데 갖다 주겠느냐?"

승려가 말하였다.

"주십시오."

대사가 말하였다.

"그러나 네가 어쩌지 못할 것으로 생각된다."

婺州新建禪師。不度小師。有僧問。和尚年老何不畜一童子侍奉。師曰。有瞽聵者為吾討來。僧辭。師問。什麼處去。曰府下開元寺去。師曰。我有一信附與了寺主汝將得去否。僧曰。便請。師曰。想汝也不奈何。

"그러나 네가 어쩌지 못할 것으로 생각된다." 했을 때

대원은 "그렇게 가벼이 말씀하지 마십시오." 하고,
우뚝 서 있다가 "참." 한 다음, 웃고,
"이래도 어쩌지 못할 것으로 생각됩니까?" 했을 것이다.

항주(杭州) 다복(多福) 화상

다복 화상에게 어떤 승려가 물었다.
"어떤 것이 다복의 한 떨기 대나무입니까?"
대사가 말하였다.
"한 줄기나 두 줄기가 비스듬이 섰느니라."
"학인이 잘 모르겠습니다."
"세 줄기나 네 줄기는 굽었느니라."

어떤 승려가 물었다.
"어떤 것이 가사 밑의 일입니까?"
대사가 말하였다.
"많은 사람들이 의심을 하더군."
"어째서 그렇습니까?"
"달빛 속에 머리가 묻혔느니라."

杭州多福和尚。僧問。如何是多福一叢竹。師曰。一莖兩莖斜。曰學人不會。師曰。三莖四莖曲。問如何是衲衣下事。師曰。大有人疑在。曰為什麼如此。師曰。月裏藏頭。

“어떤 것이 다복의 한 떨기 대나무입니까?” 했을 때

대원은 “봉사가 아니고야 지금까지 보지 못했단 말인가?” 하리라.

익주(益州) 서목(西睦) 화상

서목 화상이 상당하였는데 어떤 유교의 선비가 손을 들고 말하였다.

"화상은 한 마리의 당나귀가 되셨습니다."

대사가 말하였다.

"노승이 그대를 태우게 되었구나."

그가 말이 없었다.

그 뒤로 3일이 지나 다시 와서 말하였다.

"제가 3일 전에 도적을 맞았습니다."

대사가 주장자로 쫓아내 버렸다.

대사가 때로는 갑자기 시자를 불러 시자가 대답을 하면 이렇게 말하였다.

"밤이 깊어 조용해지거든 같이 의논하기로 하자."

益州西睦和尚。上堂。有一俗士擧手云。和尚便是一頭驢。師曰。老僧被汝騎。彼無語去。後三日再來自言。某甲三日前著賊。師拈拄杖趁出。師有時驀喚侍者。侍者應諾。師曰。更深夜靜共伊商量。

토끼뿔

"화상은 한 마리의 당나귀가 되셨습니다." 했을 때

대원은 "당나귀 눈에는 당나귀만 보이느니라." 하리라.

구주(衢州) 자호암(子湖巖) 이종(利蹤) 선사의 법손

태주(台州) 승광(勝光) 화상

승광 화상에게 어떤 이가 물었다.
"어떤 것이 화상의 가풍입니까?"
대사가 말하였다.
"복주(福州)의 여지(荔枝)와 천주(泉州)의 자동(刺桐)이니라."

어떤 이가 물었다.
"어떤 것이 부처니 법이니 하는 두 글자입니까?"
대사가 말하였다.
"그거야 당장 말할 수 있다."

衢州子湖巖利蹤禪師法嗣 台州勝光和尚。問如何是和尚家風。師曰。福州荔枝泉州刺桐。問如何是佛法兩字。師曰。即便道。

"말씀해 주십시오."

"귀가 뚫린 서역 승려가 웃으면서 고개를 끄덕인다."

용화사(龍華寺) 조(照) 화상이 오니, 대사가 붙잡고 말하였다.

"무엇인가?"

조 화상이 말하였다.

"그르치지 마시오."

대사가 손을 놓으니, 조 화상이 말하였다.

"승광의 덕화를 들은 지 오랩니다."

대사가 잠자코 있으니 조 화상이 하직하고 나섰다. 대사가 문까지 전송을 나와서 말하였다.

"이번에 헤어지면 언제 다시 만날까?"

조 화상이 껄껄 웃으면서 떠났다.

曰請師道。師曰。穿耳胡僧笑點頭。龍華照和尚來。師把住云。作麼生。照云。莫錯。師乃放手。照云。久嚮勝光。師默然。照乃辭。師門送云。自此一別什麼處相見。照呵呵而去。

토끼뿔

"이번에 헤어지면 언제 다시 만날까?" 했을 때

대원은 주장자를 짚고 우뚝 서 있다가 떠났을 것이다.

장주(漳州) 부석(浮石) 화상

부석 화상이 법상에 올라 말하였다.

“산승이 점보는 일을 시작했는데 사람들의 빈천과 부귀를 판단하고 사람의 생사를 결정한다.”

이때에 어떤 승려가 나와서 말하였다.

“생사와 빈부를 여의고 오행(五行)에 떨어지지 않는 것을 바로 말씀해 주십시오.”

“금 · 목 · 수 · 화 · 토이니라.”

漳州浮石和尚上堂云。山僧開卜鋪。能斷人貧富定人生死。時有僧出云。離却生死貧富。不落五行請師直道。師云。金木水火土。

토끼뿔

"산승이 점보는 일을 시작했는데 사람들의 빈천과 부귀를 판단하고 사람의 생사를 결정한다." 했을 때

대원은 "어떤 것을 빈천과 부귀라 하며 사람의 생과 사라 합니까?" 하고, 부석 화상이 입을 열려 하면 할을 했을 것이다.

자동(紫桐) 화상

자동 화상에게 어떤 승려가 물었다.

"어떤 것이 자동의 경지입니까?"

대사가 말하였다.

"그대의 눈에 모래라도 들었느냐?"

"대단하신 자동이 경지도 모르시는군요."

"노승은 그 일을 회피하지 않았다."

그 승려가 나가 버리려 하니, 대사가 선상에서 내려와 붙들고 말하였다.

"오늘 공안(公案)이 좋았는데 노승은 수중에 푼돈도 얻지 못했다."

"저를 만나셔서 다행입니다."

"재앙이 혼자서 생기는 것이 아니라더니!"

紫桐和尚。問如何是紫桐境。師曰。阿你眼裏著沙得麼。曰大好紫桐境也不識。師曰。老僧不諱此事。其僧出去。師下禪床擒住云。今日好箇公案。老僧未得分文入手。曰賴遇某甲是僧。師曰。禍不單行。

토끼뿔

"대단하신 자동이 경지도 모르시는군요." 했을 때

"사자는 사람을 물고 개는 흙덩이를 쫓는다더니 과연, 과연이로구나." 하고, 할을 했어야 했다.

일용(日容) 화상

활(豁) 상좌가 와서 뵈니, 대사가 세 번 손뼉을 치면서 말하였다.

"맹호가 마루 끝에 왔는데 누가 감당하겠는가?"

활 상좌가 말하였다.

"날쌘 매가 중천에 떴는데 누가 잡겠소?"

"피차가 모두 감당하기 어렵군."

"그 공안을 판단하지 못했으니 그만둡시다."

대사가 주장자를 들고 춤을 추면서 방장실로 돌아가니, 활 상좌가 말이 없었다. 대사가 말하였다.

"저 사람이 죽었는가 보다."[60]

日容和尚。豁上座參。師拊掌三下云。猛虎當軒誰是敵者。豁曰。俊鶻冲天阿誰捉得。師曰。彼此難當。曰且休未斷遮公案。師將拄杖舞歸方丈。豁無語。師曰。死却遮漢也(雲山云。彘不別前語)。

60) 운산(雲山)이 말하기를 "활 상좌의 앞의 말과 다르지 않다." 하였다. (원주)

토끼뿔

“날쌘 매가 중천에 떴는데 누가 잡겠소?” 했을 때

“험.” 하고, “잡았다 하겠는가, 아니라 하겠는가?” 해봤어야 했다.

앞의 악주(鄂州) 수유(茱萸) 화상의 법손

석제(石梯) 화상

어떤 승려가 새로 와서 대사 앞에 서 있다가 잠시 후에 물러가니, 대사가 말하였다.

"할 이야기가 있더냐?"

그 승려가 다시 와서 잠자코 서 있으니, 대사가 말하였다.

"알았다, 알았어."

"안 뒤에는 어찌해야 하겠습니까?"

"묻어버려야 된다."

"아이고, 아이고."

前鄂州茱萸和尚法嗣 石梯和尚。僧新到於師前立少頃便出。師曰。有什麼辨白處。僧再立良久。師曰。辨得也辨得也。曰辨後作麼生。師曰。埋却得也。僧曰。蒼天蒼天。

대사가 말하였다.
“아까는 그럴싸하더니 이제는 도리어 부당하구나.”
승려가 그대로 나갔다.

師曰。適來却恁麼如今還不當。僧乃出去。

"안 뒤에는 어찌해야 하겠습니까?" 했을 때

대원은 "이렇느니라." 하리라.

천룡(天龍) 화상의 법손

무주(婺州) 금화산(金華山) 구지(俱胝) 화상

구지 화상은 처음에 암자에 살기 시작했는데, 실제(實際)라 부르는 비구니가 삿갓을 쓰고 와서 주장자를 들고 대사를 세 번 돌고 난 뒤에 말하였다.

"말할 수 있다면 삿갓을 벗으리다."

이렇게 세 번 물었으나 대사가 모두 대답하지 못하자, 비구니가 곧 떠나려 하니 대사가 말하였다.

天龍和尚法嗣 婺州金華山俱胝和尚。初住庵。有尼名實際。到庵戴笠子執錫繞師三匝云。道得即拈下笠子。三問。師皆無對。尼便去。師曰。

"해가 이미 저물었으니 하룻밤 묵어 가라."
"말할 수 있다면 자고 가겠소."
대사가 또 대답이 없었다. 비구니가 떠난 뒤에 탄식하며 말하였다.
"나는 비록 대장부의 형체를 갖추었으나 대장부의 기개가 없다."
그리고는 암자를 버리고 제방으로 참선을 하러 떠나려 하니, 그날 밤에 산신이 나타나서 말하였다.
"이 산을 떠나지 마시오. 큰 보살이 와서 화상께 설법을 해주실 것이오."
과연 며칠이 지나지 않아 불일(佛日) 천룡(天龍) 화상이 암자에 왔다. 대사가 나가 맞이하고 앞의 일을 자세히 이야기하자, 천룡이 한 손가락을 세워 보였다. 이에 대사가 당장에 크게 깨달았다.
이로부터 배우는 승려가 오면 대사는 손가락 하나만을 세울 뿐 따로 말하는 일이 없었다.

日勢稍晚且留一宿。尼曰。道得即宿。師又無對。尼去後歎曰。我雖處丈夫之形。而無丈夫之氣。擬棄庵往諸方參尋。其夜山神告曰。不須離此山。將有大菩薩來為和尚說法也。果旬日天龍和尚到庵。師乃迎禮具陳前事。天龍竪一指而示之。師當下大悟。自此凡有參學僧到。師唯舉一指無別提唱。

동자 하나를 데리고 있었는데, 동자가 밖에 나갔다가 다른 사람들이 "화상께서 법의 요체를 어떻게 말씀하시던가?"라는 질문을 받고는 손가락을 세워 보였다.

그리고는 돌아와서 있었던 일을 그대로 대사에게 말하니, 대사가 칼로 동자의 손가락을 끊어 버렸다. 동자가 펄펄 뛰면서 달아나자, 대사가 동자를 불렀다. 동자가 머리를 돌린 순간 대사가 손가락을 세우니, 동자가 활연히 깨달았다.

대사가 세상을 떠나려 할 때에 대중에게 말하였다.

"내가 천룡의 한 손가락 선법을 받아 일생 동안 써도 다하지 못했다."

有一童子於外被人詰曰。和尚說何法要。童子竪起指頭。歸而擧似師。師以刀斷其指頭。童子叫喚走出。師召一聲。童子回首。師却竪起指頭。童子豁然領解。師將順世。謂衆曰。吾得天龍一指頭禪一生用不盡。

말을 마치자 열반에 들었다.[61)]

言訖示滅(長慶代眾云。美食不中飽人喫。玄沙云。我當時若見。拗折指頭。玄覺云。且道。玄沙恁麼道意作麼生。雲居錫云。只如玄沙恁麼道。肯伊不肯伊。若肯何言拗折指頭。若不肯俱胝過在什麼處。先曹山云。俱胝承當處鹵莽。只認得一機一境一種。是拍手拊掌是他西園奇怪。玄覺又云。且道俱胝還悟也未。若悟為什麼道承當處莽鹵。若不悟又道用一指頭禪不盡。且道曹山意旨在什麼處)。

61) 장경(長慶)이 대중을 대신하여 말하기를 "맛난 음식도 배부른 사람에게는 맞지 않는다." 하였다.
현사(玄沙)가 말하기를 "내가 그때에 보았더라면 손가락을 꺾어버렸을 것이다." 하였다.
현각(玄覺)이 말하기를 "말해 봐라. 현사가 그렇게 말한 뜻이 무엇이겠는가?" 하였다.
운거석(雲居錫)이 말하기를 "현사가 그렇게 말한 것이 그를 수긍한 것인가, 수긍하지 않은 것인가? 만일 수긍한다면 어찌하여 손가락을 꺾어버린다고 했을까? 수긍치 않는다면 구지의 허물이 어디에 있을까?" 하였다.
선조산(先曹山)이 말하기를 "구지가 알아차린 곳이 거칠어서 단지 한 기틀, 한 경계, 한 종류만을 알았으니, 똑같이 손뼉을 치고 손바닥을 비벼 서원(西園)이 어리둥절케 한 것과 같은 것이다." 하였다.
현각(玄覺)이 또 말하기를 "말해 봐라. 구지가 깨달았는가, 깨닫지 못했는가? 만약 깨달았다면 어떤 도리를 지었기에 수긍한 곳이 거칠다 했는가? 만약 깨닫지 못했다면 한 손가락 선법을 써도 다하지 못했다 했겠는가? 또 말해 봐라. 조산의 뜻이 어디에 있는가?" (원주)

토끼뿔

실제라 부르는 비구니가 삿갓을 쓰고 와서 주장자를 들고, 대사를 세 번 돌고 난 뒤에 "바로 말하면 삿갓을 벗으리다." 했을 때

대원이라면 "험." 한 다음, 이르노라.

그런 수고를 무엇 하러 하는가
돌장승 피리 불고 옥아씨 춤을 추며
허공대감 너털웃음 이 한마당 아니 좋은가

앞의 장사(長沙) 경잠(景岑) 선사의 법손

명주(明州) 설두산(雪竇山) 상통(常通) 선사

상통 선사는 형주(邢州) 사람으로 성은 이(李)씨이다. 작산(鵲山)에 들어가서 출가하였고, 20세에 고향의 개원사(開元寺)에서 계를 받고 경과 율을 익히기 7년 만에 이렇게 말하였다.

"마등(摩騰)이 한(漢)에 와서는 이 글을 번역해 냈는데, 달마는 양(梁)에 와서 무엇을 밝혔는가?"

그리고는 멀리 장사(長沙) 경잠(景岑)에게 가서 뵈니 경잠이 물었다.

前長沙景岑禪師法嗣 明州雪竇山常通禪師。邢州人也。姓李氏。入鵲山出家。年二十本州開元寺受戒。習經律凡七載。乃曰。摩騰入漢譯著斯文。達磨來梁復明何事。遂遠參長沙岑和尚。岑問曰。

"어디 사람인가?"
"형주(邢州) 사람입니다."
"나 같으면 거기서 왔다고 하지 않겠다."
"화상께서는 일찍이 여기에 계시지 않았습니까?"
경잠이 옳다고 여기어 입실을 허락하였다. 나중에 동산(洞山)과 석상(石霜)에게 갔으나 다른 법이 없었다.
당의 함통(咸通) 말년에 선성(宣城)에 갔는데, 군수가 사선산(謝仙山)에다 선원을 두자고 주청하여 서성원(瑞聖院)이라 이름하고 대사에게 살기를 청하였다.

어떤 승려가 와서 물었다.
"어떤 것이 밀실입니까?"
대사가 말하였다.
"바람도 통하지 않는다."
"어떤 것이 밀실 안의 사람입니까?"
"여러 성인들이 보려 하여도 볼 수 없느니라."

何處人。師曰。邢州人。岑曰。我道不從彼來。曰和尚還曾住此無。岑然之。乃容入室。後往洞山石霜而法無異味。唐咸通末遊宣城。郡守於謝仙山奏置禪苑。號瑞聖院請師居焉。僧問。如何是密室。師曰。不通風。僧曰。如何是密室中人。師曰。諸聖求覩不見。

또 말하였다.

“천 부처님이 생각할 수 없고, 만 성인이 의논하지 못하며, 하늘과 땅이 무너져도 무너지지 않고, 허공이 감싸려 해도 감싸지 못하며, 온갖 것에 견줄 수 없고, 삼세(三世)에 불러도 일어나는 것이라고도 못한다.”

“어떤 것이 삼세의 부처님들이 나타나는 곳입니까?”

“그들은 너에게 삼세가 있다는 것을 긍정하지 않는다.”

말없이 보이고 또 말하였다.

“알겠는가? 그렇지 못하다면 우선 부처를 찾아도 찾을 수 없는 곳에서 깨닫도록 하라. 하루종일 항상 있느니라. 의식이 다하고 공(功)이 없어진다 해도 깜짝하는 사이에 일어나면 그를 상하는 것이거늘 하물며 언구(言句)일까 보냐.”

광계(光啓) 때에 뭇 도적이 일어나자 대사는 대중을 거느리고 사명(四明)으로 옮겼다.

又曰。千佛不能思。萬聖不能議。乾坤壞不壞。虛空包不包。一切比無倫。三世唱不起。問如何是三世諸佛出身處。師曰。伊不肯知有汝三世。良久又曰。薦否。不然者且向著佛不得處體取。時中常在。識盡功亡瞥然而起。即是傷他而況言句乎。光啟中群盜起。師領徒至四明。

대순(大順) 2년에 군수가 설두(雪竇)에 살기를 청하니 교화가 번성하였다.

천우(天祐) 2년 을축 7월에 병이 나자 대중을 모아 향을 피우고 유언을 한 뒤에 합장하고 입적하니, 수명은 72세였다. 그 해 8월 7일에 선원의 서남쪽 모퉁이에다 탑을 세웠다.

大順二年郡守請居雪竇欝然盛化。天祐二年乙丑七月示疾。集眾焚香付囑訖合掌而逝。壽七十二。其年八月七日建石塔於院西南隅。

토끼뿔

"어떤 것이 밀실입니까?" 했을 때

대원은 "처서 후에는 어김없이 귀뚜라미가 운다." 하고

"어떤 것이 밀실 안의 사람입니까?" 했을 때

대원은 "이 밀실은 안이 없다." 하리라.
"험."

앞의 관남(關南) 도상(道常) 선사의 법손

양주(襄州) 관남(關南) 도오(道吾) 화상

도오 화상은 처음에 시골길을 지나다가 무당들의 노래에서 식신이 없다는 소리를 듣고 홀연히 깨달았다. 나중에 도상(道常) 선사를 뵙고 그의 안 바를 인가받은 후에 다시 덕산(德山)의 문하에 가서 법미(法味)가 더욱 드러났다.

법상에 올라 무리에게 설법을 할 때에는 연꽃 삿갓을 쓰고, 금난가사를 입고, 간자(簡子)를 들고, 북을 치고, 호적을 불면서 입으로 노삼랑(魯三郎)이라고 외쳐 보였다.

前關南道常禪師法嗣 襄州關南道吾和尚。始經村墅聞巫者樂神云識神無。師忽然省悟。後參常禪師印其所解。復遊德山門下法味彌著。凡上堂示徒。戴蓮花笠披襴執簡。擊鼓吹笛口稱魯三郎。

그리고 어떤 때에는 말하기를 "관남의 북을 두드리고 덕산의 노래를 불러라."라고 하였다.

어떤 승려가 물었다.
"어떤 것이 조사께서 서쪽에서 오신 뜻입니까?"
대사가 간자를 들고 읍을 하면서 "예." 하였다.

어느 때 대사가 목검(木劍)을 어깨에 메고 춤을 추니, 승려가 물었다.
"손에 있는 검은 어디서 얻었습니까?"
대사가 땅에다 던지니, 승려가 다시 주워서 대사의 손에다 쥐어주었다. 이에 대사가 말하였다.
"어디서 얻었는가?"
승려가 대답이 없으니 대사가 말하였다.
"그대가 3일 이내에 한 마디 하기를 허락하리라."

有時云。打動關南鼓。唱起德山歌。僧問。如何是祖師西來意。師以簡揖云喏。師有時執木劍橫在肩上作舞。僧問。手中劍什麼處得來。師擲於地。僧却置師手中。師曰。什麼處得來。僧無對。師曰。容汝三日內下取一語。

그 승려가 여전히 말이 없으니, 대사가 대신하여 검을 어깨에 메고 춤을 추면서 말하였다.
"이렇게 했어야 한다."

어떤 승려가 물었다.
"어떤 것이 화상의 가풍입니까?"
대사가 선상에서 내려와 여인의 절을 하면서 말하였다.
"멀리서 오셨는데 모두 편히 모시지를 못했습니다."

대사가 관계(灌溪)에게 물었다.
"어떻소?"
관계가 말하였다.
"자리랄 것 까지도 없소."
"허공과 같은 것은 아니겠지?"
"이 백정아."
대사가 말하였다.
"산 것을 죽이고 있기를 쉬지를 못하는군."

其僧亦無對。師自代拈劍肩上作舞云。恁麼始得。問如何是和尚家風。師下禪床作女人拜云。謝子遠來都無祇待。師問灌溪。作麼生。灌溪云。無位。師云。莫同虛空麼。曰遮屠兒。師云。有生可殺即不倦。

토끼뿔

ᔕ "어떤 것이 화상의 가풍입니까?" 했을 때

대원은 "험. 다만 아침에는 죽을 먹고 낮이면 밥을 먹은 다음 차를 마신다." 하리라.

ᔕ 대사가 "어떻소?" 하니, 관계가 "자리랄 것 까지도 없소." 하고, "허공과 같은 것은 아니겠지?" 하니 "이 백정아." 했는데

대원이라면 "죽일 것이라도 있더냐?" 했을 것이다.

장주(漳州) 나한(羅漢) 화상

나한 화상은 처음에 관남의 도상 선사에게 주먹으로 맞고 요지를 깨닫고는 이어 노래를 지었다.

함통 7년에 처음으로 도를 물어
간 곳마다 들은 소리 알 수 없는 말뿐이었네
마음속의 의심덩이 나무토막 같아서
삼 년 동안 즐거움 없이 숲가에 섰었네
홀연히 법왕(法王)의 좌구 위에 앉아서
의심의 뭉치를 스승 앞에 펼치자

漳州羅漢和尚。始於關南常禪師拳下悟旨。乃為歌曰。
咸通七載初參道
到處逢言不識言
心裏癡團若栲栳
三春不樂止林泉
忽遇法王氈上坐
便陳疑懇向師前

스승이 좌구 위의 나가(那伽) 선정에서
소매 걷고 내 가슴을 한 대 갈기니
의심 뭉치 다람쥐처럼 흩어져 버리고
고개 들고 보는 놈을 보니 해처럼 뚜렷해져
이로부터 성큼성큼 우뚝하고
지금까지 언제나 상쾌하여
뱃속이 넉넉하게 부르기만 하니
다시는 발우 들고 동서로 가지 않네

또 게송을 지었다.

師從氈上那伽定
袒膊當胸打一拳
駭散癡團獦狚落
舉頭看見日初圓
從茲蹬蹬以碣碣
直至如今常快活
只聞肚裏飽膨脝
更不東西去持鉢
又述偈曰。

우주 안의 한가한 객(客)이요
인간 가운데 돌중〔野僧〕이니
흉을 보려면 마음대로 보라
간 곳마다 멋대로 산다

宇內為閑客
人中作野僧
任從他笑我
隨處自騰騰

토끼뿔

옳기는 옳으나
"의심 뭉치 다람쥐처럼 흩어져버리고
고개 들고 보는 놈을 보니 해처럼 뚜렷해져
이로부터 성큼성큼 우뚝하고
지금까지 언제나 상쾌함 뿐이었네" 하고,
이후 말들이 없었으면 좋았을 것을….

앞의 고안(高安) 대우(大愚) 화상의 법손

균주(筠州) 말산(末山) 비구니 요연(了然)

지한 화상이 길을 가다가 이 산에 들러서 먼저 말하였다.

"만일 맞게 대답하면 여기에 살겠지만 그렇지 않으면 선상을 뒤집어 엎으리라."

그리고는 법당으로 들어가니, 요연 비구니가 시자를 보내서 물었다.

"상좌는 산 구경을 온 것인가, 불법을 위해서 온 것인가?"

관계가 말하였다.

"불법을 위해서 왔소."

前高安大愚禪師法嗣 筠州末山尼了然。灌溪閑和尚。遊方時到山先云。若相當即住。不然則推倒禪床。乃入堂內。然遣侍者問。上座遊山來為佛法來。閑云。為佛法來。

요연이 그제야 법상에 오르자, 관계가 뵈러 나가니 요연이 물었다.

"상좌는 오늘 어디서 떠났는가?"

"길 어귀랄 것도 여의었습니다."

"어째서 그만두지 못하는가?"

관계가 대답이 막혔다.[62] 그제야 절을 하고 물었다.

"어떤 것이 말산(末山)입니까?"

"정수리라 드러낼 것도 없다."

"어떤 것이 말산의 주인입니까?"

"남녀의 모습이 아니니라."

관계가 할을 하고서 말하였다.

"어째서 변함이 없습니까?"

"귀신도 도깨비도 아닌데 무엇이 변하겠는가?"

관계가 그제서야 굴복되어 3년 동안 원두(園頭)를 맡았다.

然乃升座。閑上參。然問。上座今日離何處。閑云。離路口。然云。何不蓋却。閑無對(禾山代云。爭得到遮裏)。始禮拜問。如何是末山。然云。不露頂。閑云。如何是末山主。然云。非男女相。閑乃喝云。何不變去。然云。不是神不是鬼變箇什麼。閑於是伏膺作園頭三載。

---

62) 화산(禾山)이 대신 말하기를 "어떻게 그 속에 이르겠소." 하였다. (원주)

어떤 승려가 와서 뵈니 요연이 말하였다.
"몹시도 남루하구나."
"아무리 그렇지만 사자의 새끼입니다."
"사자의 새끼라면 어째서 문수를 등에 지고 있는가?"
승려가 대답이 없었다.

다른 승려가 물었다.
"어떤 것이 옛 부처의 마음입니까?"
요연이 말하였다.
"세계가 무너지느니라."
"세계가 어째서 무너집니까?"
"어찌 이 몸이 없는가?"

僧到參。然云。大繿縷生。僧云。雖然如此且是獅子兒。然云。既是獅子兒為什麼被文殊騎。僧無對。僧問。如何是古佛心。然云。世界傾壞。曰世界為什麼傾壞。然云。寧無我身。

토끼뿔

"몹시도 남루하구나." 했을 때

승려는 "뭘 보셨습니까?" 했어야 했고

"어떤 것이 옛 부처의 마음입니까?" 했을 때

요연 비구니가 기왕이면 "이대로이니라." 했으면 금상첨화일 걸….

색 인 표

색 인 표

색 인 표

색 인 표

색 인 표

색 인 표

색 인 표

부록은 농선 대원 선사님의 인가 내력과 법어 그리고 대원 선사님께서 직접 작사하신 노래 가사를 실었다. 특히 요즘 선지식 없이 공부하는 이들을 위하여 수행의 길로부터 불보살님의 누림까지 닦아 증득할 수 있도록 '부록4'에 '가슴으로 부르는 불심의 노래' 가사를 담았으니, 끝까지 정독하여 수행의 요긴한 지침이 되기를 바란다.

부 록

농선 대원 선사님 인가 내력

제 1 오도송

이 몸을 끄는 놈 이 무슨 물건인가?
골똘히 생각한 지 서너 해 되던 때에
쉬이하고 불어온 솔바람 한 소리에
홀연히 대장부의 큰 일을 마치었네

무엇이 하늘이고 무엇이 땅이런가
이 몸이 청정하여 이러-히 가없어라
안팎 중간 없는 데서 이러-히 응하니
취하고 버림이란 애당초 없다네

하루 온종일 시간이 다하도록
헤아리고 분별한 그 모든 생각들이
옛 부처 나기 전의 오묘한 소식임을
듣고서 의심 않고 믿을 이 누구인가!

此身運轉是何物
疑端汨沒三夏來
松頭吹風其一聲
忽然大事一時了

何謂靑天何謂地
當體淸淨無邊外
無內外中應如是
小分取捨全然無

一日於十有二時
悉皆思量之分別
古佛未生前消息
聞者卽信不疑誰

대원 선사님의 스승이신 불조정맥 제77조 조계종(曹溪宗) 전강(田岡) 대선사님께서 1962년 대구 동화사의 조실로 계실 당시 대원 선사님께서도 동화사에 함께 머무르고 계셨다.

하루는 전강 대선사님께서 대원 선사님의 3연으로 되어 있는 제1오도송을 들어 깨달은 바는 분명하나 대개 오도송은 짧게 짓는다고 말씀하셨다. 이에 대원 선사님께서는 제1오도송을 읊은 뒤, 도솔암을 떠나 김제들을 지나다가 석양의 해와 달을 보고 문득 읊었던 제2오도송을 일러드렸다.

제 2 오도송

해는 서산 달은 동산 덩실하게 얹혀 있고
김제의 평야에는 가을빛이 가득하네
대천이란 이름자도 서지를 못하는데
석양의 마을길엔 사람들 오고 가네

日月兩嶺載同模
金提平野滿秋色
不立大千之名字
夕陽道路人去來

제2오도송을 들으신 전강 대선사님께서는 이에 그치지 않고 그와 같은 경지를 담은 게송을 이 자리에서 즉시 한 수 지어볼 수 있겠냐고 하셨다. 대원 선사님께서는 곧바로 다음과 같이 읊으셨다.

바위 위에는 솔바람이 있고
산 아래에는 황조가 날도다

대천도 흔적조차 없는데
달밤에 원숭이가 어지러이 우는구나

岩上在松風
山下飛黃鳥
大千無痕迹
月夜亂猿啼

전강 대선사님께서는 위 송의 앞의 두 구를 들으실 때만 해도 지그시 눈을 감고 계시다가 뒤의 두 구를 마저 채우자 문득 눈을 뜨고 기뻐하는 빛이 역력하셨다.

그러나 전강 대선사님께서는 여기에서도 그치지 않고 다시 한 번 물으셨다.

"대중들이 자네를 산으로 불러내어 그 중에 법성(향곡 스님 법제자인 진제 스님. 동화사 선방에 있을 당시에 '법성'이라 불렸고, 나중에 '법원'으로 개명하였다.)이 달마불식(達磨不識) 도리를 일러보라 했을 때 '드러났다'라고 답했다는데, 만약에 자네가 당시의 양무제였다면 '모르오'라고 이르고 있는 달마 대사에게 어떻게 했겠는가?"

대원 선사님께서 답하셨다.

"제가 양무제였다면 '성인이라 함도 서지 못하나 이러-히 짐의 덕화와 함께 어우러짐이 더욱 좋지 않겠습니까?' 하며 달마 대사의 손을 잡아 일으켰을 것입니다."

전강 대선사님께서 탄복하며 말씀하셨다.

"어느새 그 경지에 이르렀는가?"

"이르렀다곤들 어찌하며, 갖추었다곤들 어찌하며, 본래라곤들 어찌 하리까? 오직 이러-할 뿐인데 말입니다."

대원 선사님께서 연이어 말씀하시자 전강 대선사님께서 이에 환희하시니 두 분이 어우러진 자리가 백아가 종자기를 만난 듯, 고수명창 어울리듯 화기애애하셨다.

달마불식 공안에 대한 위의 문답은 내력이 있는 것이다. 전강 대선사님께서 대원선사님을 부르시기 며칠 전에, 저녁 입선 시간 중에 노장님 몇 분만이 자리에 앉아있을 뿐 자리가 텅텅 비어 있었다고 한다.

대원 선사님께서 이상히 여기고 있던 중, 밖에서 한 젊은 수좌가 대원선사님을 불렀다. 그 수좌의 말이 스님들이 모두 윗산에 모여 기다리고 있으니 가자고 하기에 무슨 일인가 하고 따라가셨다.

그러자 그 자리에 있던 법성 스님이 보자마자 달마불식 법문을 들고 이르라고 하기에 지체없이 답하셨다.

"드러났다."

곁에 계시던 송암 스님께서 또 안수정등 법문을 들고 물으셨다.

"여기서 어떻게 살아나겠소?"

대뜸 큰소리로 이르셨다.

"안·수·정·등."

이에 좌우에 모인 스님들이 함구무언(緘口無言)인지라 대원 선사님께서는 먼저 그 자리를 떠나 내려와 버리셨다.

그 다음날 입승인 명허 스님께서 아침 공양이 끝난 자리에서 지난 밤 입선시간 중에 무단으로 자리를 비운 까닭을 묻는 대중 공사를 붙여

산 중에서 있었던 일들이 낱낱이 드러나고 말았다. 그리하여 입선시간 중에 자리를 비운 스님들은 가사 장삼을 수하고 조실인 전강 대선사님께 참회의 절을 했던 일이 있었다.

전강 대선사님께서는 이때에 대원 선사님께서 달마불식 도리에 대해 일렀던 경지를 점검하셨던 것이다.

이런 철저한 검증의 자리가 있었던 다음 날, 전강 대선사님께서 부르시기에 대원 선사님께서 가보니 모든 것이 약조된 데에서 주지인 월산(月山) 스님께서 입회해 계셨으며 전강 대선사님께서는 곧바로 다음과 같이 전법게(傳法偈)를 전해주셨다.

전 법 게

부처와 조사도 일찍이 전한 것이 아니거늘
나 또한 어찌 받았다 하며 준다 할 것인가
이 법이 2천년대에 이르러서
널리 천하 사람을 제도하리라

佛祖未曾傳
我亦何受授
此法二千年
廣度天下人

덧붙여 이 일은 월산 스님이 증인이며 2000년까지 세 사람 모두 절대 다른 사람이 알게 하거나 눈에 띄게 하지 않아야 한다고 당부하셨다.

만약 그러지 않을 시에는 대원 선사님께서 법을 펴 나가는데 장애가 있을 것이라고 예언하셨다. 또한 각별히 신변을 조심하라 하시고 월산 스님에게 명령해 대원선사님을 동화사의 포교당인 보현사에 내려가 교화에 힘쓰게 하셨다.

대원 선사님께서 보현사로 떠나는 날, 전강 대선사님께서는 미리 적어두셨던 부송(付頌)을 주셨으니 다음과 같다.

부 송

어상을 내리지 않고 이러-히 대한다 함이여
뒷날 돌아이가 구멍 없는 피리를 불리니
이로부터 불법이 천하에 가득하리라

不下御床對如是
後日石兒吹無孔
自此佛法滿天下

위의 게송에서 '어상을 내리지 않고 이러-히 대한다 함이여'라는 첫째 줄 역시 내력이 있는 구절이다.

전에 대원 선사님께서 전강 대선사님을 군산 은적사에서 모시고 계실 당시 마당에서 홀연히 마주쳤을 때 다음과 같은 문답이 있었다.

전강 대선사님께서 물으셨다.

"공적(空寂)의 영지(靈知)를 이르게."

대원 선사님께서 대답하셨다.

"이러-히 스님과 대담(對談)합니다."

"영지의 공적을 이르게."

"스님과의 대담에 이러-합니다."

"어떤 것이 이러-히 대담하는 경지인가?"

"명왕(明王)은 어상(御床)을 내리지 않고 천하 일에 밝습니다."

위와 같은 문답 중에 대원 선사님께서 답하신 경지를 부송의 첫째 줄에 담으신 것이다.

전강 대선사님께서 대원선사님을 인가(印可)하신 과정을 볼 때 한 번, 두 번, 세 번을 확인하여 철저히 점검하신 명안종사의 안목에 탄복하지 않을 수 없으며 이에 끝까지 1초의 머뭇거림도 없이 명철하셨던 대원선사님께 찬탄하지 않을 수 없다.

그리하여 법열로 어우러진 두 분의 자리가 재현된 듯 함께 환희용약하지 않을 수 없다.

이제 전강 대선사님과 약속한 2천년대를 맞이하였으므로 여기에 전법게를 밝힌다.

이로써 경허, 만공, 전강 대선사님으로 내려온 근대 대선지식의 정법의 횃불이 이 시대에 이어져 전강 대선사님의 예언대로 불법이 천하에 가득할 것이다.

농선 대원 선사님 법어

깨달음은 실증실수다. 그러나 지금의 불교가 잘못된 견해와 지식으로 불조의 가르침을 왜곡하고 견성성불 하고자 애쓰는 수행인들을 오히려 길을 잃고 헤매게 하고 있다.

그래서 이 장에서는 대원 선사님의 혜안으로 제방에서 논의되는 불교의 핵심적인 대목을 밝혀, 불조의 근본 종지를 드러내고 불교가 나아가야 할 바를 보였다.

깨달음의 정수를 담은 12게송은 실제 깨닫지 못하고 말로만 깨달음을 말하거나 혹은 깨달았다 해도 보림이 미진한 이들을 경계하게 하며 실증의 바탕에서 닦아 증득할 수 있도록 하였으니, 생사를 결단하고 본연한 참나를 회복하려는 이들에게 칠흑 같은 밤길에 등불과 같은 길잡이가 될 것이다.

화두실참

제방의 선방 상황을 보면 목적지에 이르는 길을 몰라 노정길을 묻고 있는 격이다. 무자와 이뭐꼬 화두가 최고라 하면서도 실제 실참을 하지 못하고 있기 때문이다. '이 무엇인고?' 하면서 이 눈으로 보려 한다면 경계 위에서 찾는 것이어서 억만 겁을 두고 찾아도 찾을 수 없다. 그러므로 깨달아 일체종지를 이룬 스승의 분명한 안목의 지도가 없다면 화두를 들든, 관법을 행하든, 염불을 하든 깨달음을 기약한다는 것이 정말 어렵다 할 것이다.

개유불성

부처님께서 분명히 준동함령 개유불성(蠢動含靈 皆有佛性)이라고 하셨다. 이것은 모든 만물이 다 부처가 될 성품을 갖고 있다는 뜻이다. 불성이 하나라고 주장하는 목소리가 불교계에 드높으나 이것은 개유불성 즉, 낱낱이 제 불성은 제가 지니고 있다는 부처님의 말씀을 정면으로 어기는 말이다.

옛 선사님 말씀에 '천지(天地)가 여아동근(與我同根)이고 만물(万物)이 여아일체(與我一切)'라고 했다. '천지가 여아동근이다' 라는 것은 하늘 땅이 나와 더불어 같은 뿌리라는 말이다.

'나와 더불어'라고 했고 또한 한 뿌리가 아니라 같은 뿌리라고 했다. '더불 여(與)'자와 '같을 동(同)'자가 이미 하나라 할 수 없다는 것을 말해주고 있다. 즉 이 말은 하나와도 같다, 한결같이 똑같다는 말이다. 하나라면 '같을 동'자 뿐만 아니라 일이란 글자도 설 수 없다. 일은 이가 있을 때에야 비로소 설 수 있는 것이다.

그러므로 '천지가 여아동근이다' 즉 하늘과 땅이 나와 더불어 같은 뿌리라는 것은 모든 것이 한결같이 가없는 성품 자체에서 비롯되었다는 말이다.

또한 '만물이 여아일체이다' 즉 만물이 나와 더불어 한 몸이라는 말에서 일체란 하나의 몸을 말하는 것이 아니라 모든 불성이 가없는 성품 자체로 서로 상즉한 온통인 몸을 말하는 것이어서 만물이 나와 더불어 상즉한 자체를 말한 것이다.

공부를 많이 한 사람이 외도에 깊이 떨어지는 경우가 있다. 인가를 받지 못한 선지식들이 모두 체성을 보지 못한 이는 아니다. 가없는 성품 자체에 사무치고 보니 도저히 둘일 수가 없으므로 불성이 하나라고 한 것이다. 그러나 불성이 하나라고 하는 것은 바른 깨달음이 아니다. 그래서 인가를 받지 않으면 외도라 하는 것이다. 체성에 사무쳤다 해도 스승의 지도를 받아 일체종지를 이루지 못하면 이런 큰 허물을 짓는 것이다.

만약 불성이 하나라고 하는 이가 있으면 "아픈 것을 느끼는 것이 몸뚱이냐, 자성이냐?"라고 물어야 한다. 그러면 당연히 누구나 자성이라고 답할 것이다. 만약 몸뚱이가 아픔을 느끼는 것이라면 시체도 아픔을 느껴야 하기 때문이다. 이렇게 볼 때에 자성이 하나라면 누군가 아플 때 동시에 모두 아픔을 느껴야 할 것이다. 또한 한 사람이 생각을 일으킬 때 이를 모두 알아야 한다. 불성이 하나라면 마음도 하나여서 다른 마음이 있을 수 없기 때문이다.

돈오돈수 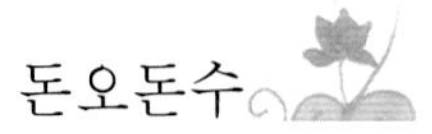

제방에 돈오돈수(頓悟頓修)에 대한 여러 가지 서로 다른 주장으로 시비가 끊어지지 않고 있다. 이로 인해 수행자들이 견성하면 더 이상 닦을 것이 없다는 그릇된 견해에 집착하거나 의심을 일으킬까 염려하여 여기에 바른 돈오돈수의 이치를 밝히고자 한다.

견성이 곧 돈오돈수라고 하는 분들이 많다.

그러나 견성이 곧 구경지인 성불이라면 돈오면 그만이지 돈수란 말은 왜 해놓았겠는가?

또한 오후보림(悟後保任)이라는 말은 무슨 말인가.

금강경에는 네 가지 상(我相, 人相, 衆生相, 壽者相)만 여의면 곧 중생이 아니라는 말이 수없이 되풀이되고 있다.

그런데 제구 일상무상분(第九 一相無相分)을 볼 때 다툼이 없는(곧 모든 상을 여읜) 삼매인(三昧人) 가운데 제일인 아라한도 구경지가 아니니 보살도를 닦아 등각을 거쳐야 구경성불인 묘각지에 이르른다는 사실을 알 수 있다.

또한, 제이십삼 정심행선분(第二十三 淨心行善分)을 보면 부처님께서 "아도 없고, 인도 없고, 중생도 없고, 수자도 없는 가운데 모든 선법(善法)을 닦아야 곧 아뇩다라삼먁삼보리를 얻는다."라고 말씀하시고 있으니 이것은 다름이 아니라 견성한 후에 견성을 한 지혜로써 항상 체성을 여의지 않고, 남은 업을 모두 닦아 본래 갖춘 지혜덕상을 원만하게 회복시켜야 구경성불할 수 있다는 말씀이다.

그렇다면 어째서 돈수일까?

'돈'이란 시공이 설 수 없는 찰나요, '수'란 시간과 공간 속에서 닦는 것이다.

단박에 마친다면 '돈'이면 그만이고, 견성 이전이든 이후든 닦음이 있다면 '수'라고만 할 것이지 어째서 돈과 수가 함께 할 수 있을까? 그야말로 물의 차고 더움은 그 물을 마셔본 자만이 알듯이 깨달은 사람만이 알 것이다.

사무쳐 깨닫고 보니 시공이 서지 않아 이러-히 닦아도 닦음이 없으니 네 가지 상이 없는 가운데 모든 선법을 닦는 것이요, 단박에 깨달으니 색공(色空)이 설 수 없어 이러-한 경지에서 닦음 없이 닦으니 네 가지 상이 없는 가운데 모든 선법을 닦는 것이다.

이와 같이 깨달아서 깨달은 바 없고, 닦아서는 닦은 바 없이 닦아, 남음이 없는 구경지인 성불에 이르는 과정을 돈오돈수라 한다.

견성하면 마음 이외의 다른 물건이 없는 경지인데 어떻게 닦음이 있을 수 있는가 하고 의심하는 분들이 많다. 그러나 견성했다 해도 헤아릴 수 없는 겁 동안에 길들여온 업으로 인하여 경계를 대하면 깨달아 사무친 바와 늘 일치하지는 못한다.

그래서 견성한 지혜로써 항상 체성을 여의지 않고 억겁에 익혀온 업을 제거하고 지혜 덕상을 원만하게 회복시켜야 구경성불할 수 있다.

이것이 앞에서 밝혔듯 금강경에서 부처님께서 하신 말씀이요, 돈오돈수를 주창한 당사자인 육조 대사님께서 하신 말씀이다.

육조단경 돈황본 이십칠 상대법편과 이십팔 참됨과 거짓을 보면 육조 대사님께서 당신의 설법언하에 대오하고도 슬하에서 3, 40년간 보림한 십대 제자들을 모아놓고 말씀하신다.

"내가 떠난 뒤에 너희들은 각각 일방의 지도자가 될 것이다. 그러므로 내가 너희들에게 설법하는 것을 가르쳐서 근본종지를 잃지 않도록 해주리라. 나오고 들어감에 곧 양변을 여의도록 하라." 하시고 삼과(三科)의 법문과 삼십육대법(三十六對法)을 설하셨다.

뿐만 아니라 2, 3개월 후 다시 십대 제자들을 모아놓고 "8월이 되면 세상을 떠나고자 하니 너희들은 의심이 있거든 빨리 물어라. 내가 떠난 뒤에는 너희들을 가르쳐 줄 사람이 없다." 하시며 진가동정게(眞假動靜偈)를 설하시고 외워 가져 수행하여 종지를 잃지 않도록 하라고 거듭 당부를 하시고 있다.

이것을 보아서도 이 사람이 말한 돈오돈수와 육조 대사께서 말씀하신 돈오돈수가 같다는 것을 알 수 있을 것이다.

다시 한 번 밝히자면 돈오란 자신의 체성을 단박에 깨닫는 것이요, 돈수란 깨달은 체성의 지혜로써 닦음 없이 닦는 것으로 이것이 곧 오후 보림이며, 수행자들이 퇴전하지 않고 구경성불할 수 있는 바른 수행의 길이다.

다음은 전등록 제 9권에서 추출한 것이다.

"돈오(頓悟)한 사람도 닦아야 합니까?"

"만일 참되게 깨달아 근본을 얻으면 그대가 스스로 알게 될 것이니 닦는다, 닦지 않는다 하는 것은 두 가지의 말일 뿐이다. 처음으로 발심한 사람들이 비록 인연에 따라 한 생각에 본래의 이치를 단박에 깨달았으나 아직도 비롯함이 없는 여러 겁의 습기(習氣)는 단박에 없어지지 않으므로, 그것을 깨끗이 하기 위하여 현재의 업과 의식의 흐름을 차츰차츰 없애야 하나니 이것이 닦는 것이다. 그것에 따로이 수행하게 하는 법이 있다고 말하지 마라.

들음으로 진리에 들고, 진리를 듣고 묘함이 깊어지면 마음이 스스로 두렷이 밝아져서 미혹한 경지에 머무르지 않으리라. 비록 백천 가지 묘한 이치로써 당대를 휩쓴다 하여도 이는 자리에 앉아서 옷을 입었다가 다시 벗는 것으로써 살림을 삼는 것이니, 요약해서 말하면 실제 진리의 바탕에는 한 티끌도 받아들이지 않지만 만행을 닦는 부문에서는 한 법도 버리지 않느니라. 만일 깨달았다는 생각마저 단번에 자르면 범부니 성인이니 하는 생각이 다하여, 참되고 항상한 본체가 드러나 진리와 현실이 둘이 아니어서 여여한 부처이니라."

"무엇이 돈오(頓悟)이며, 무엇을 점수(漸修)라 합니까?"

"자기의 성품이 부처와 똑같다는 것은 단박에 깨달았으나 비롯함이 없는 옛적부터의 습관은 단박에 제거할 수 없으므로 차츰 물리쳐서 성품에 따라 작용을 일으켜야 하니, 마치 사람이 밥을 먹을 때에 첫술에 배가 부르지 않는 것과 같다."

간화선인가 묵조선인가

나에게 "당신의 지도는 간화입니까, 묵조입니까?"라고 묻는 이들이 있다. 나의 지도법에는 애당초부터 간화니 묵조니 하는 것이 없다. 가 없는 성품 자체로 일상을 지어가라는 말이 바로 그것을 대변해주고 있다. 묵조선과 간화선이 나뉜 것은 육조 대사 이후여서 육조 대사 당시까지만 해도 묵조선이니, 간화선이니 하여 나누지 않았다. 나는 육조 대사 당시의 법을 그대로 펴고 있는 것이다.

묵조선과 간화선은 원래 종파가 아니다. 지도받는 이의 근기에 따라 지도한 방편일 뿐이다. 들뜬 생각과 분별망상에서 이끌어내기 위한 방편으로 지도한 것이 묵조선이다. 그렇게 이끌어서 깨달아 사무치면 깨달아 사무친 경지가 일상이 되게끔 다시 이끌어 주어야 하는 것이다.

달마 대사를 묵조선이라고 하는데 중국에 오기 전 달마 대사가 육파외도(六派外道)를 조복시키는 대목을 보면 달마 대사가 묵조선이 아니라는 것이 역력히 드러난다.

다만 황제가 법문을 할 정도였던 그 시대의 교리 위주의 이론불교를 근본불교에 이르게 하기 위한 방편으로 "밖으로 반연하여 일으키는 모든 생각을 쉬고 안으로 구하는 마음마저 쉬어라."라고 가르친 것이다. 간화선도 마찬가지여서 화두라는 용광로에 일체 분별망상을 녹여 없앰으로써 밖으로 반연하여 일으키는 모든 생각을 쉬고, 안으로 구하는 마음마저 쉬게 하여 깨닫게끔 한 것이다.

즉 화두를 들어도 이런 경지에 이르러야 깨달을 수 있는 것이다. 오롯이 끊어지지 않게 화두를 들어서 오직 이러한 경지에 이르러 있다가 어떤 경계에 문득 부딪힘으로써 깨닫게 된다. 결국에는 화두인 모든 공안도리 역시 사무쳐 깨닫게 하기 위한 방편이다.

그러므로 수기설법(隨機說法)하고 응병여약(應病與藥)해야 한다. 나 역시 제자가 이러한 경지에 사무쳐 깨닫게끔 하지만, 이미 사무친 연후에는 가없는 성품 자체에 머물러 있으려고만 하지 말고, 그 경지에서 응하여 모자람 없도록 지어나가야 한다고 지도한다.

묵조나 일행삼매(一行三昧), 어느 쪽도 모든 이에게 정해 놓고 일정하게 주어서는 바른 지도가 될 수 없는 것이다. 내가 앉아서 선화할 때에는 오직 심외무물의 경지만 오롯하게끔 지으라고 지도하는 것은 어떻게 보면 묵조선이다. 그것이 가장 빨리 업을 녹이는 방법이기 때문에 그렇게 지도하는 것이다.

그러나 활동할 때는 가없는 성품 자체로 일상을 지어 가라고 지도했으니 이것은 곧 일행삼매에 이르도록 지도한 것이다. 안팎 없는 경지를 여의지 않는 것이 삼매이니, 일상생활 속에서 여의지 않는 가운데 보고 듣고, 보고 듣되 여의지 않는 그것이 일행삼매이다.

그렇다면 나는 한 사람에게 묵조선과 일행삼매를 다 가르치고 있는 것이 된다. 묵조선이라고 했지만 앉아서는 생사해탈을 위한 멸진정을 익히도록 하고, 그 외에는 다 일행삼매를 짓도록 지도하고 있는 것이

어서 한편으로 멸진정을 익히는 가운데 조사선을 짓고 있는 것이다.

어떠한 약도 쓰이는 곳에 따라 좋은 약이 되기도 하고 사약이 되기도 한다. 스승이 진정 자유자재해서 제자가 머물러 있는 부분을 틔워주는 지도를 할 때 그것이 약이 되는 것이다.

그러므로 '나는 간화선만을 가르친다.' 그렇게 지도해서는 안 된다. 부처님께서도 수기설법하라 하셨다. 병을 치료해 주는 것이 약이듯 그 기틀에 맞게끔 설해 주는 것이 참 법이다.

무유정법(無有定法)이라 하지 않았는가. 그 사람의 바탕과 익힌 업력과 현재의 경지 등 모든 것을 참작해서 거기에 알맞게 베풀어 주어야 한다.

부처님의 경을 마가 설하면 마설이 되고, 마경을 부처님께서 설하시면 진리의 경전이 된다는 것도 바로 이런 데에서 하신 말씀이다.

어느 한 종에만 편승하면 안 된다. 우리는 이 속에 오종칠가(五宗七家)의 법을 다 수용해야 된다. 어느 한 법도 버릴 수 없다. 모든 근기에 알맞도록 설해 주고 이끌어 줄 수 있어야 하기 때문이다.

그래서 다만 응하여 모자람이 없이 병에 의하여 약을 줄 뿐, 정해진 법이 없어서 어느 한 법도 따로 취함이 없어야 하는 것이다.

육조 대사께 행창이 찾아와 부처님 열반경 중에서 유상(有常)과 무상(無常)을 가지고 물었을 때 행창이 무상이라 하면 육조 대사는 유상이라 하고, 행창이 유상이라 하면 육조 대사는 무상이라 했다. 왜냐하면 원래부터 무상이니 유상이니가 있을 수 없어서, 부처님께서는 다만 유상이라는 집착을 벗어나게 하기 위해 무상을 말씀하시고, 무상이라는 집착을 벗어나게 하기 위해 유상을 말씀하셨을 뿐이거늘, 행창은 열반경의 이 말씀에 묶여 있었기 때문이다.

육조 대사가 이러한 이치에 대해서 설하자 행창이 곧 깨닫고 오도송을 지어 바쳤다.

이렇게 수기설법할 때 불법이다. 수기설법하지 못하면 임제종보다 더한 것이라 해도 불법일 수 없다.

각각 사람의 근기가 다른데 어떻게 천편일률적인 방법으로 똑같이 교화할 수 있겠는가.

희비송(喜悲頌)

이름도 없고 상도 없는 일 없는 사람이
태평의 노래를 흥에 취해 불렀더니
때도 없고 끝도 없는 구제의 일이
대천세계에 충만히 펼쳐졌네

無名無相無事人
太平之歌唱興醉
無時無端救濟事
大千世界布充滿

정신송(正信頌)

이름도 없고 상도 없는 이 바탕인 몸이여
이 바탕을 깨달은 믿음이라야 이 바른 믿음이라
이와 같은 믿음이 없이는 마음이 나라 말라
눈 광명이 땅에 떨어질 때 한이 만단이나 되리라

無名無相是地體
悟地之信是正信
若無是信莫心我
眼光落地恨萬端

진심송(眞心頌)

이름도 없고 상도 없는 이 진공이여
공이라는 공은 공이라 함마저도 없는 이 참 바탕이라
이와 같은 바탕이라야 이 공인 몸이니
이와 같은 몸이 아니면 참다운 마음이 아니니라

無名無相是眞空
空空無空是眞地
如是之地是空體
如是非體非眞心

업신송(業身頌)

업의 몸이란 것은 고통의 근본이요
업의 마음이란 것은 환란의 근본이니라
업의 행이란 것은 다툼의 근본이요
업의 일이란 것은 허망의 근본이니라

業身乃苦痛之本
業心乃患亂之本
業行乃鬪爭之本
業事乃虛妄之本

보림송(保任頌) 1

업의 몸을 다스리는 데는 계행이 최상이요
업의 마음을 다스리는 데는 인내가 최상이니라
계행과 인내로 잘 다스리면 보림이 순조롭고
보림이 잘 이루어지면 구경에 이르느니라

治業身之戒最上
治業心之忍最上
善治戒忍順保任
善成保任至究竟

보림송(保任頌) 2

육신의 욕망은 하나까지라도 모두 버려야 하고
육신을 향한 생각은 남음이 없이 버려야 하느니라
이와 같이 보림하면 업이 중한 사람일지라도
당생에 반드시 구경지를 성취하리라

肉身欲望捨都一
肉身向思捨無餘
如是保任重業人
當生必成究竟地

공성본질송(空性本質頌) 1

무극인 빈 성품의 본래 몸은
언어나 마음과 행위로 표현 못 하나
모든 부처님과 만물이 이로 좇아 생겼으며
궁극에 일체가 돌아가 의지할 곳이니라

無極空性之本體
言語道斷滅心行
諸佛萬物從此生
窮極一切歸依處

공성본질송(空性本質頌) 2

혼연한 빈 바탕을 이름해서 무아라 하고
무아의 다른 이름이 이 무극이니라
유정 무정이 이로 좇아 생겼으며
궁극에 일체가 돌아가 의지할 곳이니라

渾然空地名無我
無我異名是無極
有情無情從此生
窮極一切歸依處

공성본질송(空性本質頌) 3

이러-히 밝게 사무친 것을 이름해서 견성이라 하고
이 바탕에 밝게 사무쳐야 바르게 깨달은 사람이니
도를 닦는 사람은 반드시 명심해서
각자 관조하여 그릇 깨달음이 없어야 하느니라

如是明徹名見性
是地明徹正悟人
修道之人必銘心
各者觀照無非悟

명정오송(明正悟頌)

밝지도 어둡지도 않은 곳을 향해서
그윽한 본래의 바탕에 합하여야
이것을 진실한 깨달음이라 하는 것이니
그렇지 않다면 바른 깨달음이 아니니라

向不明暗處
冥合本來地
此是眞實悟
不然非正悟

무아송(無我頌)

중생들이 말하는 무아라는 것은
변하고 달라지는 나를 말하는 것이요
깨달은 사람의 무아는
변하지 않는 나를 말하는 것이다

衆生之無我
變異之言我
悟人之無我
不變之言我

태시송(太始頌)

탐착한 묘한 광명에 합한 것이 상을 이루었고
상에 집착하여 사는데서 익힌 것이 모든 업을 이루었다
업을 인해서 만반상이 생겨 나왔으며
만상으로 해서 만반법이 생겨 나왔다

貪着妙光合成相
執相生習成諸業
因業生出萬般象
萬象生出萬般法

21세기에 인류가 해야 할 일

이 사람은 1962년 26세 때부터 21세기에 인류에게 닥칠 공해문제, 에너지문제를 예견하고 대체에너지(무한원동기, 태양력, 파력, 풍력 등) 개발과 '울 안의 농법'을 연구하고 그 필요성을 많은 이들에게 이야기해 왔습니다.

당시에는 너무 시대를 앞서가는 이야기여서인지 일반인들이 수용하지 못하고 오히려 불신의 눈으로 바라보며 이 사람의 법마저 의심하였습니다. 하지만 현대에 있어서는 이것이 인류가 해결해야 할 가장 절박한 사안이 되어 있습니다.

'사막화방지 국제연대'를 설립한 것도 현재 인류가 해결해야 할 가장 절박한 지구환경문제를 이슈화시키고 그 해결책을 제시하여 재앙에 직면한 지구촌을 살리기 위해서입니다.

'사막화방지 국제연대'에서 추진하고 있는 사막화 방지, 지구 초원

화, 대체에너지 개발은 온 인류가 발 벗고 나서서 해야 할 일입니다.

첫 번째 사막화 방지에 있어서 기존에 해왔던 '나무심기 사업'은 천문학적인 예산과 많은 인력을 동원하고도 극도로 황폐한 사막화된 환경을 되살리는 데 실패하였습니다.

그래서 이 사람은 사막화 방지에 있어서는 '사막 해수로 사업'을 새로운 방안으로 제시하였습니다.

사막 해수로 사업은 사막화된 지역에 수도관을 매설하여 바닷물을 끌어들여서 염분에 강한 식물을 중심으로 자연생태계를 복원하는 사업입니다.

이것은 나무심기 사업으로 심은 나무들이 절대적으로 물이 부족하여 생존할 수 없었던 문제를 해결할 수 있는, 현재로서는 유일한 해결책입니다.

그러나 '사막화방지 국제연대'의 목적은 사막이 확장되는 것을 방지하자는 것이지 사막 전체를 완전히 없애자는 것은 아닙니다. 인체에서 심장이 모든 피를 전신의 구석구석까지 골고루 보내어 살아서 활동하게 하듯이 사막은 오히려 지구의 심장 역할을 하는 중요한 곳이기 때문입니다.

그래서 21세기에 있어서는 다만 사막의 확장을 방지할 뿐 아니라 사막을 어떻게 운용하느냐를 연구해야 합니다.

사막에 바둑판처럼 사방이 막힌 플륨관 수로를 설치하여 동, 서, 남, 북 어느 방향의 수로를 얼마만큼 채우느냐 비우느냐에 따라, 사막으로부터 사방 어느 방향으로든 거리까지 조절하여, 원하는 지역에 비를 내리게 하고 그치게 할 수 있습니다. 철저히 과학적인 데이터에 의해 이렇게 사막을 운용함으로써 21세기의 지구를 풍요로운 낙원시대로 만들어가야 합니다.

두 번째로 지구를 초원화할 수 있는 방안으로 3년간의 실험을 통해, 광활한 황무지 지역을 큰 비용을 들이거나 많은 인력을 동원하지 않고도 짧은 시간 내에 초지로 바꿀 수 있는 식물을 찾아냈습니다.

그것은 바로 '돌나물'입니다. 돌나물은 따로 종자를 심을 필요가 없이 헬리콥터나 비행기로 살포해도 생존, 번식할 수 있으며, 추위와 더위, 황폐한 땅에서도 살아남을 수 있는 생명력과 번식력이 강한 식물입니다.

지구환경을 되살리는 초지조성 사업에 있어서 이것이 큰 도움이 되리라 생각합니다.

세 번째의 대체에너지 개발에 있어서는 태양력, 파력, 풍력 등 1962년도부터 이 사람이 연구하고 얘기해왔던 방법들이 이미 많이 개발되어 실용화한 단계에 있습니다.

이 세 가지 일은 한 개인이나 한 국가가 할 수 있는 일이 아닙니다. 모든 국가가 앞장서서 전세계적인 사업으로 이루어져야 합니다. 모든 국가가 함께 하는 기금조성이 이루어져야 하고 기금조성에 참여한 국가는 이 시스템에 의한 전면적인 혜택을 입을 수 있도록 해야 합니다.

인류 모두가 지혜를 모아 이 일에 전력을 다한다면 인류는 유사 이래 가장 좋은 시절을 맞이하게 될 것이며, 만약 이 일을 남의 일인 양 외면한다면 극한의 재앙을 면할 수 없을 것입니다.

이 사람이 오래 전부터 얘기해왔던 '울 안의 농법'은 이미 미국 라스베이거스(Las Vegas)에서 30층짜리 '고층 빌딩 농장'으로 구현되었습니다. 그렇게 크게도 운영될 수 있지만 각자 자신의 집에서 이루어지는 '울 안의 농법'도 필요합니다.

21세기에 있어서 또 하나 인류가 만일의 사태를 대비해서 연구, 추진해야 될 일이 있다면 바닷속에서의 수중생활, 수중경작입니다.

지구 온난화가 심화될 경우, 공기가 너무 많이 오염될 경우, 바닷물이 높아져 살 땅이 좁아질 경우 등에 대비할 때, 인류는 우주에서의 삶보다는 바닷속에서의 삶을 준비해야 합니다. 왜냐하면 그것이 훨씬 수월하고 비용도 절감할 수 있기 때문입니다.

이렇게 깨달은 이는 이변적으로는 깨달음을 얻게 하여 영생불멸의 삶을 영위할 수 있도록 만인을 이끌어야 하며 사변적으로는 일반인이 예측할 수 없는 백 년, 천 년 앞을 내다보아 이를 미리 앞서 대비하도록 만인의 삶을 이끌어줘야 한다고 생각합니다.

불법의 뜻은 다만 진리 전수에만 있는 것이 아니니, 만인이 서로 함께 영원한 극락을 누릴 때까지 물심양면으로, 이사일여로 베풀어 교화해야 하기 때문입니다.

가슴으로 부르는 불심의 노래

여기에 실린 가사는 모두 농선 대원 선사님께서 직접 작사하신 것이다. 수행의 길로 들어서게끔 신심, 발심을 북돋아주는 가사로부터 수행의 길로 접어든 이의 구도의 몸부림이 담겨있는 가사, 대승의 원력을 발해서 교화하는 보살의 자비심과 함께 낙원세계를 누리는 풍류를 그려놓은 가사까지 한마디, 한마디가 생생하여 그 뜻이 뼛속 깊이 새겨지고 그 멋에 흠뻑 취하게 된다. 농선 대원 선사님께서는 거칠고 말초적인 요즘의 노래를 듣고 이러한 정서를 순화시키고자, 또한 수행의 마음을 진작시키고자 하는 뜻에서 이 가사들을 쓰셨다.

그래야지

1.
마음으로 물질로써
갖가지로 베푸는 것
생활화한 국민되어
이뤄내는 국가되세
그래야지 그래야지
얼씨구나 좀 더 좋다

그런 이웃 그런 나라
이뤄내서 사노라면
모든 나라 따르리니
그리되면 지상낙원
그래야지 그래야지
얼씨구나 좀 더 좋다

별중의 별 될 것이니
선조의 뜻 이룸이라
후손으로 할 일 해낸
자부심이 치솟누나
그래야지 그래야지
얼씨구나 좀 더 좋다

얼씨구야 절씨구야
좀 더 좋고 좀 더 좋다
얼씨구야 절씨구야
좀 더 좋고 좀 더 좋다

아리랑 아리랑 아라리요
아리랑 고개를 넘어간다

2.
그래야지 그래야지
혼자 삶이 아닌 세상
웬만하면 넘어가는
아량으로 살아가세
그래야지 그래야지
얼씨구나 좀 더 좋다

부딪히면 틀어져서
소통의 길 막히나니
그러므로 눈 감아줘
참는 것이 상책일세
그래야지 그래야지
얼씨구나 좀 더 좋다

걸린 생각 비워내서
한결같이 사노라면
복이되어 돌아옴을
실감할 날 있을 걸세
그래야지 그래야지
좀 더 좋고 좀 더 좋다

얼씨구야 절씨구야
좀 더 좋고 좀 더 좋다
얼씨구야 절씨구야
좀 더 좋고 좀 더 좋다

아리랑 아리랑 아라리요
아리랑 고개를 넘어간다

마음

1.
시작도 없는 마음
끝남도 없는 마음

온통으로 드러나
언제나 같이 있어

어떤 것도 가릴 수
전혀 없는 그 마음

고고하고 당당한
영원한 마음일세

아리랑 아리랑 아라리요
아리랑 고개를 넘어간다
청천 하늘에 잔별도 많고
요내 가슴에는 희망도 많다

2.
모두를 마음으로
시도를 뭐든 해봐

안되는 일 없어서
사는 데 불편없고

하고프면 하면 돼
뜻 펼치는 삶이니

즐겁고도 즐거운
누리는 삶이로세

아리랑 아리랑 아라리요
아리랑 고개를 넘어간다
청천 하늘에 잔별도 많고
요내 가슴에는 희망도 많다

사는게 아리랑 고개

1.
이 마음이 내가 되니
나고 죽음 본래 없고
이리 보고 저리 봐도
허공까지 내 몸일세
신기하고 신기하다
신기하고 신기해

이 마음이 내가 되니
안 되는 일 전혀 없어
잡된 생각 사라지고
두려움도 없어졌네
신기하고 신기하다
신기하고 신기해

이 마음이 내가 되니
끝이 없이 자유롭고
잠 못 이룬 괴로움과
공황장애 흔적 없네
신기하고 신기하다
신기하고 신기해

아리랑 아리랑
아라리요
아리랑 고개를 넘어왔다

2.
이 마음이 내가 되니
맘 먹은 일 순조롭고
살아가는 나날들이
마음광명 누림일세
신기하고 신기하다
신기하고 신기해

이 마음이 내가 되니
마음광명 누림이라
나날들이 평화롭고
자신감이 넘쳐나네
신기하고 신기하다
신기하고 신기해

이 마음이 내가 되니
대인관계 순조로와
일일마다 즐거웁고
웃음꽃이 피어나네
신기하고 신기하다
신기하고 신기해

아리랑 아리랑
아라리요
아리랑 고개를 넘어왔다

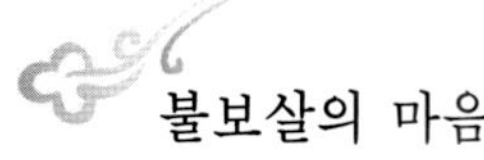

불보살의 마음

1.
자비, 그 자비는 눈물이었네
불나방이 불을 쫓듯 가는 이
그래도 못 잊어서 버리지 못해
저리는 저리는 가슴, 그 가슴 안고서
눈물, 피눈물로 저리 부르네

2.
자비, 그 자비는 눈물이었네
제 살 길을 저버리는 이들을
그래도 못 잊어서 버리지 못해
저리는 저리는 가슴, 그 가슴 안고서
눈물, 피눈물로 저리 부르네

나의 노래

1.
노세 노세 봄놀이하세
대천세계 이 봄 경치
한산 습득 친구 삼아
호연지기 즐겨볼까
얼씨구나 절씨구
아니나 즐기고 무엇하리

2.
노세 노세 봄놀이하세
걸음 쫓아 이른 곳곳
문수 보현 벗을 삼아
화엄광장 춤춰볼까
얼씨구나 절씨구
아니나 즐기고 무엇하리

평화로운 삶

1.
이 몸을 나로 아는
하나의 실수로서
우주가 생긴 이래

얼마나 많은 고통
겪어들 왔었던가
치떨린 일이로세

뭘 해야 그 반복을
금생에 끊어버려
그 고통 벗어날까

생각코 생각하니
그 해결 내게 있네
마음이 나 된걸세

아리랑 아리랑 아라리요
아리랑 고개를 넘어간다
청천 하늘엔 잔별도 많고
이내 가슴엔 희망도 많다

2.
마음이 내가 되면
그 어떤 것이라도
더 이상 필요찮고

마음이 내가 되면
미묘한 갖은 공덕
스스로 갖춰 있고

마음이 내가 되면
그 모든 근심 걱정
씻은 듯 사라지고

마음이 내가 되면
이 생과 저 세상이
당초에 없는 걸세

아리랑 아리랑 아라리요
아리랑 고개를 넘어간다
청천 하늘엔 잔별도 많고
이내 가슴엔 희망도 많다

도서출판 문젠(Moonzen Press)의 책들

출간 도서

바로보인 전등록 전 5권
바로보인 무문관
바로보인 벽암록
바로보인 천부경 · 교화경 · 치화경
바로보인 금강경
세월을 북채로 세상을 북삼아
영원한 현실
바로보인 신심명
바로보인 환단고기 전 5권
바로보인 선문염송 전 30권
앞뜰에 국화꽃 곱고 북산에 첫눈 희다
바로보인 증도가
바로보인 반야심경
선을 묻는 그대에게 1 · 2
바로보인 선가귀감
바로보인 법융선사 심명
주머니 속의 심경
바로보인 법성게
달다 -전강 대선사 법어집
기우목동가
초발심자경문
방거사어록
실증설
하택신회대사 현종기
불조정맥 - 한 · 영 · 중 3개국어판
바른 불자가 됩시다
누구나 궁금한 33가지
108진참회문 - 한 · 영 · 중 3개국어판
달마의 일할도 허락지 않는다
마음대로 앉아 죽고 서서 죽고
화두 3개국어판 - 한 · 영 · 중
바로보인 간당론
완전한 우리말 불공예식법
바로보인 유마경
실증설 5개국어판 - 한 · 영 · 불 · 서 · 중
누구나 궁금한 33가지 3개국어판
- 한 · 영 · 중
달마의 일할도 허락지 않는다
3개국어판 - 한 · 영 · 중
법성게 3개국어판 - 한 · 영 · 중
정법의 원류
바로보인 도가귀감
바로보인 유가귀감
화엄경 81권
바로보인 전등록 전 30권

출간예정 도서

바로보인 능엄경 제6권
바로보인 원각경
바로보인 육조단경
바로보인 대전화상주 심경
바로보인 위앙록
해동전등록 전 10권
말 밖의 말
언어의 향기
농선 대원 선사 선송집
진리와 과학의 만남
바로보인 5대 종교
금강경 야부송과 대원선사 토끼뿔
선재동자 참알 오십삼선지식
경봉선사 혜암선사 법을 들어 설하다
십현담 주해
불교대전
태고보우선사 어록

1. 바로보인 전등록 (전30권을 5권으로)

7불과 역대 조사의 말씀이 1,700공안으로 집대성되어 있는 선종 최고의 고전으로, 깨달음의 정수가 살아 숨쉬도록 새롭게 번역되었다.
464, 464, 472, 448, 432쪽.
각권 18,000원

2. 바로보인 무문관

황룡 무문 혜개 선사가 저술한 공안집으로 전등록, 선문염송, 벽암록 등과 함께 손꼽히는 선문의 명저이다. 본칙 48개와 무문 선사의 평창과 송, 여기에 역저자인 대원선사의 도움말과 시송으로 생명과 같은 선문의 진수를 맛보여 주고 있다.
272쪽. 12,000원

3. 바로보인 벽암록

설두 선사의 설두송고를 원오 극근 선사가 수행자에게 제창한 것이 벽암록이다.
이 책은 본칙과 설두 선사의 송, 대원선사의 도움말과 시송으로 이루어져, 벽암록을 오늘에 맞게 바로 보이고 있다.
456쪽. 15,000원

4. 바로보인 천부경

우리 민족 최고(最古)의 경전 천부경을 깨달음의 책으로 새롭게 바로 보였다. 이 책에는 81권의 화엄경을 81자에 함축한 듯한 천부경과, 교화경, 치화경의 내용이 함께 담겨 있으며, 역저자인 대원선사가 도움말, 토끼뿔, 거북털 등으로 손쉽게 닦아 증득하는 문을 열어 놓고 있다.
432쪽. 15,000원

5. 바로보인 금강경

대원선사의 『바로보인 금강경』은 국내 최초로 독창적인 과목을 내어 부처님과 수보리 존자의 대화 이면의 숨은 뜻을 드러내고, 자문과 시송으로 본문의 핵심을 꿰뚫어 밝혀, 금강경 전체를 손바닥 안의 겨자씨를 보듯 설파하고 있다.
488쪽. 15,000원

6. 세월을 북채로 세상을 북삼아

대원선사의 선시가 담긴 선시화집 『세월을 북채로 세상을 북삼아』는 선과 시와 그림이 정상에서 만나 어우러진 한바탕이다.
선의 세계를 누리는 불가사의한 일상의 노래, 법열의 환희로 취한 어깨춤과 같은 선시가 생생하고 눈부시게 내면의 소리로 흐른다.
180쪽. 15,000원

7. 영원한 현실

애매모호한 구석이 없이 밝고 명쾌하여, 너무도 분명함에 오히려 그 깊이를 헤아리기 어려운, 대원선사의 주옥같은 법문을 모아 놓은 법문집이다.
400쪽. 15,000원

8. 바로보인 신심명

신심명은 양끝을 들어 양끝을 쓸어버리는, 40대치법으로 이루어진, 3조 승찬 대사의 게송이다. 이를 대원선사가 바로 번역하는 것은 물론, 주해, 게송, 법문을 더해 통쾌하게 회통하고 자유자재 농한 것이 이 『바로보인 신심명』이다.
296쪽. 10,000원

9. 바로보인 환단고기 (전5권)

『바로보인 환단고기』 1권은 민족정신의 정수인 환단고기의 진리를 총정리하여 출간하였다. 2권에는 역사총론과 태초에서 배달국까지 역사가 실려 있으며, 3권은 단군조선, 4권은 북부여에서부터 고려까지의 역사가 실려 있다. 5권에는 역사를 증명하는 부록과 함께 환단고기 원문을 실었다. 344 · 368 · 264 · 352 · 344쪽. 각권 12,000원

10. 바로보인 선문염송 (전30권)

선문염송은 세계최대의 공안집이다. 전 공안을 망라하다시피 했기에 불조의 법 쓰는 바를 손바닥 들여다보듯 하지 않고는 제대로 번역할 수 없다. 대원선사는 전 공안을 바로 참구할 수 있게끔 번역하고 각 칙마다 일러보였다. 352 368 344 352 360 360 400 440 376 392 384 428 410 380 368 434 400 404 406 440 424 460 472 456 504 528 488 488 480 512쪽. 각권 15,000원

11. 앞뜰에 국화꽃 곱고 북산에 첫눈 희다

대원선사의 선문답집으로 전강 · 경봉 · 숭산 · 묵산 선사와의 명쾌한 문답을 실었으며, 중앙일보의 〈한국불교의 큰스님 선문답〉 열 분의 기사와 기자의 질문에 대한 대원선사의 별답을 함께 실었다.
200쪽. 5,000원

12. 바로보인 증도가

선종사에 사라지지 않을 발자취로 남은 영가 선사의 증도가를 대원선사가 번역하고 법문과 송을 더하였다.
자비의 방편인 증도가의 말씀을 하나하나 쳐가는 선사의 일갈이야말로 영가 선사의 본 의중과 일치하여 부합하는 것이라 아니할 수 없다.
376쪽. 10,000원

13. 바로보인 반야심경

이 시대의 야부(冶父)선사, 대원선사가 최초로 반야심경에 과목을 붙여 반야심경 내면에 흐르는 뜻을 밀밀하게 밝혀놓고 거침없는 송으로 들어보였다.
264쪽. 10,000원

14. 선(禪)을 묻는 그대에게 (전10권 중 2권)

대원선사의 선수행에 대한 문답집.
깨달아 사무친 경지에 대한 밀밀한 점검과, 오후보림에 대한 구체적인 수행법 제시와, 최초의 무명과 우주생성의 원리까지 낱낱이 설한 법문이 담겨 있다.
280쪽, 272쪽. 각권 15,000원

15. 바로보인 선가귀감

선가귀감은 깨닫고 닦아가는 비법이 고스란히 전수되어 있는 선가의 거울이라 할 만하다. 더욱이 바로보인 선가귀감은 매 소절마다 대원선사의 시송이 화살을 과녁에 적중시키듯 역대 조사와 서산대사의 의중을 꿰뚫어 보석처럼 빛나고 있다.
352쪽. 15,000원

16. 바로보인 법융선사 심명

심명 99절의 한 소절, 한 소절이 이름 그대로 마음에 새겨두어야 할 자비광명들이다.
이 심명은 언어와 문자이면서 언어와 문자를 초월한 일상을 영위하게 하는 주옥같은 법문이다.
278쪽. 12,000원

17. 주머니 속의 심경

반야심경은 부처님이 설하신 경 중에서도 절제된 경으로 으뜸가는 경이다. 대원선사의 선송(禪頌)도 그 뜻을 따라 간략하나 선의 풍미를 한껏 담고 있다. 하루에 한 소절씩을 읽고 참구한다면 선 수행의 지름길이 될 것이다.

84쪽. 5,000원

18. 바로보인 법성게

법성게는 한마디로 화엄경의 핵심부를 온통 훤출히 드러내놓은 게송이다. 짧은 글 속에 일체의 법을 이렇게 통렬하게 담아놓은 법문도 드물 것이다.

이렇게 함축된 법성게 법문을 대원선사가 속속들이 밀밀하게 설해놓았다.

176쪽. 10,000원

19. 달다 – 전강 대선사 법어집

이제는 전설이 된 한국 근대선의 거목인 전강 선사님의 최상승법과 예리한 지혜, 선기로 넘쳤던 삶이 생생하게 담겨 있는 전강 대선사 법어집 〈달다〉!

전강 대선사님의 인가 제자인 대원선사가 전강 대선사님의 법거량과 법문, 일화를 재조명하여 보였다.

368쪽. 15,000원

20. 기우목동가

그 뜻이 심오하여 번역하기 어려웠던 말계 지은 선사의 기우목동가!

대원선사가 바른 뜻이 드러나도록 번역하고, 간결한 결문과 주옥같은 선송으로 다시 보였다.

146쪽. 10,000원

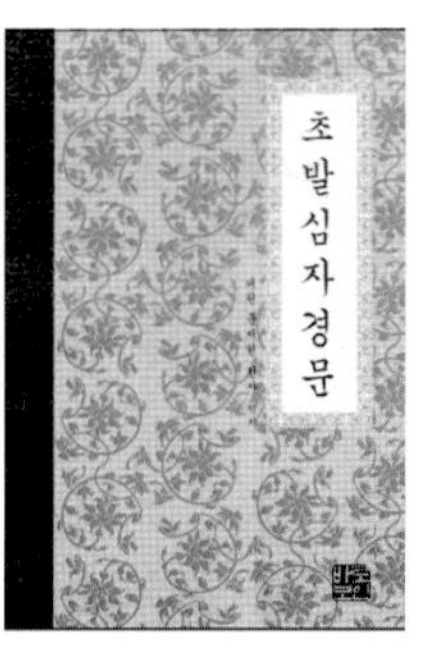

21. 초발심자경문

이 초발심자경문은 한문을 새기는 힘인 문리를 터득하게 하기 위하여 일부러 의역하지 않고 직역하였다.
대원선사의 살아있는 수행지침도 실려 있다.
266쪽. 10,000원

22. 방거사어록

방거사어록은 선의 일상, 선의 누림을 보여주는 대표적인 선문이다. 역저자인 대원선사는 방거사어록의 문답을 '본연의 바탕에서 꽃피우는 일상의 함'이라 말하고 있다. 법의 흔적마저 없는 문답의 경지를 온전하게 드러내 놓은 번역과, 방거사와 호흡을 함께 하는 듯한 '토끼뿔'이 실려 있다.
306쪽. 15,000원

23. 실증설

이 책은 대원선사가 2010년 2월 14일 구정을 맞이하여 불자들에게 불법의 참뜻을 보이기 위해 홀연히 펜을 들어 일시에 써내려간 법문을 모태로 하였다. 실증한 이가 아니고는 설파할 수 없는 성품의 이치를 자문자답과 사제간의 문답을 통해 1, 2, 3부로 나눠 실증하여 보이고 있다.
224쪽. 10,000원

24. 하택신회대사 현종기

육조대사의 법이 중국천하에 우뚝하도록 한 장본인, 하택신회대사의 현종기. 세간에 지해종도(知解宗徒)로 알려져 있는 편견을 불식시키는 뛰어난 깨달음의 경지가 여기에 담겨있다. 대원선사가 하택신회대사의 실경지를 드러내고 바로보임으로써 빛냈다.
232쪽. 10,000원

25. 불조정맥 - 韓 · 英 · 中 3개국어판

석가모니불로부터 현 78대에 이르기까지 불조정맥진영(佛祖正脈眞影)과 정맥전법게(正脈傳法偈)를 온전하게 갖춘 최초의 불조정맥서. 대원선사가 다년간 수집, 정리하여 기도와 관조 끝에 완성한 『불조정맥』을 3개국어로 완역하였다.
216쪽. 20,000원

26. 바른 불자가 됩시다

참된 발심을 하여 바른 신앙, 바른 수행을 하고자 해도, 그 기준을 알지 못해 방황하는 불자님들을 위해 불법의 바른 길잡이 역할을 하도록 대원선사가 집필하여 출간하였다.
162쪽. 10,000원

27. 누구나 궁금한 33가지

21세기의 인류를 위해 모든 이들이 가장 어렵고 궁금해 하는 문제, 삶과 죽음, 종교와 진리에 대한 바른 지표를 제시하고자 대원선사가 집필하여 출간하였다.
180쪽. 10,000원

28. 108진참회문 - 韓 · 英 · 中 3개국어판

전생의 모든 악연들이 사라져 장애가 없어지고, 소망하는 삶을 살게 하기 위해 대원선사가 10계를 위주로 구성한 108 항목의 참회문이다. 한 대목마다 1배를 하여 108배를 실천할 것을 권한다.
170쪽. 15,000원

29. 달마의 일할도 허락지 않는다

대원선사의 짧고 명쾌한 법문집.
책을 잡는 순간 달마의 일할도 허락지 않는 선기와 맞닥뜨리게 될 것이다. 때로는 하늘을 찌를 듯한 기세와, 때로는 흔적 없는 공기와도 같은 향기를 일별하기를…
190쪽. 10,000원

30. 마음대로 앉아 죽고 서서 죽고

생사를 자재한 분들의 앉아서 열반하고 서서 열반한 내력은 물론 그분들의 생애와 법까지 일목요연하게 수록해놓았다.
446쪽. 15,000원

31. 화두 3개국어판 - 韓 · 英 · 中

『화두』는 대원선사의 평생 선문답의 결정판이다. 생생하게 살아있는 선(禪)을 한 · 영 · 중 3개국어로 만날 수 있다. 특히 대원선사의 짧은 일대기가 실려 있어 그 선풍을 음미하는 데에 큰 도움을 주고 있다.
440쪽. 15,000원

32. 바로보인 간당론

법문하는 이가 법리를 모르고 주장자를 치는 것을 눈먼 주장자라 한다. 법좌에 올라 주장자 쓰는 이들을 위해서 대원선사가 간당론에서 선리(禪理)만을 취하여 『바로보인 간당론』을 출간하였다.
218쪽. 20,000원

33. 완전한 우리말 불공예식법

부처님께 공양을 올리고 불보살님의 가피를 구하는 예법 등을 총칭하여 불공예식법이라 한다. 대원선사가 이러한 불공예식의 본뜻을 살려서 완전한 우리말본 불공예식법을 출간하였다.
456쪽. 38,000원

34. 바로보인 유마경

유마경은 불법의 최정점을 찍는 경전이라 할 것이니, 불보살님이 교화하는 경지에서의 깨달음의 실경과 신통자재한 방편행을 보여주는 최상승 경전이다. 대원선사가 〈대원선사 토끼뿔〉로 이 유마경에 걸맞는 최상승 법을 이 시대에 다시금 드날렸다.
568쪽. 20,000원

35. 실증설 5개국어판 - 韓 · 英 · 佛 · 西 · 中

대원선사가 불법의 참뜻을 보이기 위해 홀연히 펜을 들어 일시에 써내려간 실증설! 실증한 이가 아니고는 설파할 수 없는 도리로 가득한 이 책이 드디어 영어, 불어, 스페인어, 중국어를 더하여 5개국어로 편찬되었다.
860쪽. 25,000원

36. 누구나 궁금한 33가지 3개국어판 - 韓 · 英 · 中

누구라도 풀어야 할 숙제인 33가지의 의문에 대한 답을 21세기의 현대인에게 맞는 비유와 언어로 되살린 『누구나 궁금한 33가지』가 한글, 영어, 중국어 3개국어로 출간되었다.
408쪽. 15,000원

37. 달마의 일할도 허락지 않는다
3개국어판 – 韓 · 英 · 中

대원선사의 짧고 명쾌한 법문집인 『달마의 일할도 허락지 않는다』가 한글, 영어, 중국어 3개국어로 출간되었다. 전세계에서 유일하게 활선의 가풍이 이어지고 있는 한국, 그 가운데에서도 불조의 정맥을 이은 대원선사가 살활자재한 법문을 세계로 전하고 있는 책이다.
308쪽. 15,000원

38. 화엄경 (전81권)

대원선사는 선문염송 30권, 전등록 30권을 모두 역해하여 세계 최초로 1,463칙 전 공안에 착어하였다. 이러한 안목으로 대천세계를 손바닥의 겨자씨 들여다보듯 하신 불보살님들의 지혜와 신통으로 누리는 불가사의한 화엄세계를 열어 보였다.
220쪽. 각권 15,000원

39. 법성게 3개국어판 – 韓 · 英 · 中

법성게는 한마디로 화엄경의 핵심부를 훤출히 드러내놓은 게송으로 짧은 글 속에 일체 법을 고스란히 담아놓았다. 대원선사의 통쾌한 법성게 법문이 한영중 3개국어로 출간되었다.
376쪽. 15,000원

40. 정법의 원류

『정법의 원류』는 불조정맥을 이은 정맥선원의 소개서이다. 정맥선원은 불조정맥 제77조 조계종 전강 대선사의 인가 제자인 대원 전법선사가 주재하는 도량이다. 『정법의 원류』를 통해 정맥선원 대원선사의 정맥을 이은 법과 지도방편을 만날 수 있다.
444쪽. 20,000원

41. 바로보인 도가귀감

도가귀감은, 온통인 마음〔一物〕을 밝혀 회복함으로써, 생사를 비롯한 모든 아픔과 고를 여의어, 뜻과 같이 누려서 살게 하고자 한 도교의 뜻을, 서산대사가 밝혀놓은 책이다. 대원선사가 부록으로 도덕경의 중대한 대목을 더하고, 그 대목대목마다 결문(決文)하였다.
218쪽. 12,000원

42. 바로보인 유가귀감

유가귀감은 서산대사가 간추려놓은 구절로서, 간결하지만 심오하기 그지없으니, 간략한 구절 속에서 유교사상을 미루어볼 수 있게 하였다. 대원선사가 그 뜻이 잘 드러나게 번역하고 그 대목대목마다 결문(決文)하였다.
236쪽. 15,000원

43. 바로보인 전등록 (전30권)

7불로부터 52세대까지 1,701명 선지식의 깨달음의 진수가 담긴 전등록 30권에 농선 대원 선사가 선리(禪理)의 토끼뿔을 더해 닦아 증득하는데 도움이 되도록 하였다.
288쪽. 각권 15,000원

농선 대원 선사 법문 mp3 주문 판매

* 천부경 : 15,000원
* 신심명 : 30,000원
* 현종기 : 65,000원
* 기우목동가 : 75,000원
* 반야심경 : 1회당 5,000원 (총 32회)
* 선가귀감 : 1회당 5,000원 (총 80회)
* 금강경 : 40,000원
* 법성게 : 10,000원
* 법융선사 심명 : 100,000원

농선 대원 선사 작사 CD 주문 판매

* 가슴으로 부르는 불심의 노래 1,2,3집 각 : 1만 5천원
* 유튜브에서 채널 구독하시고 무료로 찬불가 앨범을 감상하세요

주문 문의 ☎ 031-534-3373